Richard Wagner, Georg Barlösius

Die Meistersinger von Nürnberg

Richard Wagner, Georg Barlösius

Die Meistersinger von Nürnberg

ISBN/EAN: 9783743425408

Hergestellt in Europa, USA, Kanada, Australien, Japan

Cover: Foto ©Thomas Meinert / pixelio.de

Manufactured and distributed by brebook publishing software (www.brebook.com)

Richard Wagner, Georg Barlösius

Die Meistersinger von Nürnberg

Die Meistersinger von Nürnberg

von

Richard Wagner

mit Bildern und
Buchschmuck
ausgestattet von

Georg Barlösius

Verlegt bei

Fischer
und
Franke

Berlin

Personen der Handlung:

Hans Sachs, Schuster·
Veit Pogner, Goldschmied·
Kunz Vogelsang, Kürschner·
Konrad Nachtigall, Spengler·
Sixtus Beckmesser, Schreiber·
Fritz Kothner, Bäcker·
Balthasar Zorn, Zinngießer·
Ulrich Eißlinger, Würzkrämer·
Augustin Moser, Schneider·
Hermann Ortel, Seifensieder·
Hans Schwarz, Strumpfwirker·
Hans Foltz, Kupferschmied·

} Meister

Walther von Stolzing, ein junger Ritter aus Franken·
David, Sachsens Lehrbube·
Eva, Pogner's Tochter·
Magdalene, Eva's Amme·
Ein Nachtwächter·
Bürger und Frauen aller Zünfte · Gesellen·
Lehrbuben · Mädchen · Volk·

} Sänger

Nürnberg· Um die Mitte des XVI · Jahrhunderts·

Erster Aufzug.

Die Bühne stellt das Innere der Katharinenkirche, in schrägem Durchschnitt, dar; von dem Hauptschiff, welches links ab dem Hintergrunde zu sich ausdehnend anzunehmen ist, sind nur noch die letzten Reihen der Kirchenstuhlbänke sichtbar; den Vordergrund nimmt der freie Raum vor dem Chor ein; dieser wird später durch einen Vorhang gegen das Schiff zu gänzlich abgeschlossen ✣ Beim Aufzug hört man, unter Orgelbegleitung, von der Gemeinde den letzten Vers eines Chorales, mit welchem der Nachmittagsgottesdienst zur Einleitung des Johannisfestes schliesst, singen.

Während des Chorales und dessen Zwischenspielen entwickelt sich, vom Orchester begleitet, folgende pantomimische Scene: In der letzten Reihe der Kirchstühle sitzen Eva und Magdalene; Walther v. Stolzing steht, in einiger Entfernung, zur Seite an eine Säule gelehnt, die Blicke auf Eva heftend. Eva kehrt sich wiederholt seitwärts nach dem Ritter um und erwiedert seine bald dringend, bald zärtlich durch Gebärden sich ausdrückenden Bitten und Betheuerungen schüchtern und verschämt, doch seelenvoll und ermuthigend. Magdalene unterbricht sich öfter im Gesang, um Eva zu zupfen und zur Vorsicht zu mahnen. — Als der Choral zu Ende ist und, während eines längeren Orgelnachspieles, die Gemeinde dem Hauptausgange, welcher links dem Hintergrunde zu anzunehmen ist, sich zuwendet, um allmählich die Kirche zu verlassen, tritt Walther an die beiden Frauen, welche sich von ihren Sitzen erhoben haben und dem Ausgange sich zuwenden wollen, lebhaft heran.

Walther *leise, doch feurig zu Eva* Verweilt! — Ein Wort! Ein einzig Wort! **Eva** *sich rasch zu Magdalene wendend* Mein Brusttuch! Schau! Wohl liegt's im Ort? **Magdalene** Vergesslich Kind! Nun heisst es: such'! *Sie kehrt nach den Sitzen zurück* **Walther** Fräulein! Verzeiht der Sitte Bruch! Eines zu wissen, Eines zu fragen, was nicht müsst' ich zu brechen wagen? Ob Leben oder Tod? Ob Segen oder Fluch? Mit einem Worte sei mir's vertraut: — mein Fräulein, sagt — **Magdalene** *zurück kommend* Hier ist das Tuch. **Eva** O weh! die Spange! **Magdalene** Fiel sie wohl ab? *Sie geht, am Boden suchend, wieder zurück.* **Walther** Ob Licht und Lust, oder Nacht und Grab? Ob ich erfahr', wonach ich verlange, ob ich vernehme, wovor mir graut: — Mein Fräulein, sagt — **Magdalene** *wieder zurück kommend* Da ist auch die Spange. — Komm', Kind! Nun hast du Spang' und Tuch. — O weh! da vergass ich selbst mein Buch! *Sie kehrt wieder um.*

Walther Dies eine Wort, ihr sagt mir's nicht? Die Sylbe, die mein Urtheil spricht? Ja, oder: Nein! – ein flücht'ger Laut: mein Fräulein, sagt, seid ihr schon Braut. **Magdalene** *die bereits zurückgekommen, verneigt sich vor Walther* Sieh da, Herr Ritter? Wie sind wir hochgeehrt: mit Evchen's Schutze habt ihr euch gar beschwert? Darf den Besuch des Helden ich Meister Pogner melden? **Walther** *leidenschaftlich* Betrat ich doch nie sein Haus! **Magdalene** Ei! Junker! Was sagt ihr da aus! In Nürnberg eben nur angekommen, war't ihr nicht freundlich aufgenommen? Was Küch' und Keller, Schrein und Schrank euch bot, verdient' es keinen Dank? **Eva** Gut Lenchen! Ach! das meint er ja nicht. Doch von mir wohl wünscht er Bericht — wie sag' ich's schnell? — Versteh' ich's doch kaum! — Mir ist, als wär' ich gar im Traum! — Er frägt — ob ich schon Braut? **Magdalene** *sich scheu umsehend* Hilf Gott! Sprich nicht so laut! Jetzt lass' uns nach Hause gehn; wenn uns die Leut' hier sehn! **Walther** Nicht eher, bis ich Alles weiss! **Eva** 's ist leer, die Leut' sind fort. **Magdalene** Drum eben wird mir heiss! — Herr Ritter, an and'rem Ort!

David tritt aus der Sacristei ein und macht sich darüber her, dunkle Vorhänge, welche so angebracht sind, dass sie den Vordergrund der Bühne nach dem Kirchenschiff zu schräg abschliessen, aneinander zu ziehen

Walther Nein! Erst dies Wort! **Eva** *Magdalene haltend* Dies Wort? **Magdalene** *die sich bereits umgewendet, erblickt David, hält an und ruft zärtlich für sich:* David? Ei! David hier? **Eva** *drängend* Was sag' ich? Sag' du's mir! **Magdalene** *mit Zerstreutheit, öfters nach David sich umsehend* Herr Ritter, was ihr die Jungfer fragt, das ist so leichtlich nicht gesagt; fürwahr ist Evchen Pogner Braut — **Eva** *schnell unterbrechend* Doch hat noch Keiner den Bräut'gam erschaut. **Magdalene** Den Bräut'gam wohl noch Niemand kennt / bis morgen ihn das Gericht ernennt / das dem Meistersinger ertheilt den Preis— Eva *wie zuvor* Und selbst die Braut ihm reicht das Reis. Walther Dem Meistersinger? Eva *bang* Seid ihr das nicht? Walther Ein Werbgesang? Magdalene Vor Wettgericht. Walther Den Preis gewinnt? Magdalene Wen die Meister meinen. Walther Die Braut dann wählt? Eva *sich vergessend* Euch / oder Keinen! *Walther wendet sich, in grosser Aufregung auf- und abgehend, zur Seite* Magdalene *sehr erschrocken* Was? Evchen! Evchen! Bist du von Sinnen? Eva Gut' Lene! hilf mir den Ritter gewinnen! Magdalene Sah'st ihn doch gestern zum ersten Mal! Eva Das eben schuf mir so schnelle Qual / dass ich schon längst ihn im Bilde sah: — sag' / trat er nicht ganz wie David nah'? Magdalene Bist du toll? Wie David? Eva Wie David im Bild. Magdalene Ach! meinst du den König mit der Harfen und langem Bart in der Meister Schild? Eva Nein! der / dess' Kiesel den Goliath warfen / das Schwert im Gurt / die Schleuder zur Hand: von lichten Locken das Haupt umstrahlt / wie ihn uns Meister Dürer gemalt. Magdalene *laut seufzend* Ach / David! David! David *der herausgegangen und jetzt wieder zurückkommt, ein Lineal im Gürtel und ein grosses Stück weisser Kreide an einer Schnur in der Hand schwenkend* Da bin ich! Wer ruft? Magdalene Ach David! Was ihr für Unglück schufst! *für sich* Der liebe Schelm! wüsst' er's noch nicht? *Laut* Ei / seht! da hat er uns gar verschlossen? David *zärtlich zu Magdalene* In's Herz euch allein! Magdalene *bei Seite* Das treue Gesicht!— *Laut* Mein sagt! Was treibt ihr hier für Possen? David Behüt' es! Possen? Gar ernste Ding'! für die Meister hier richt' ich den Ring. Magdalene Wie? Gäb' es ein Singen? David Nur

freiung heut': der Lehrling wird da losge-
sprochen, der nichts wider die Tabulatur ver-
brochen; Meister wird, wen die Prob' nicht
reu't. Magdalene Da wär' der Ritter ja am
rechten Ort. – Jetzt, Evchen, komm', wir
müssen fort. Walther *schnell sich zu den frauen wendend* Zu Meister
Pogner lasst mich euch geleiten. Magdalene
Erwartet den hier; er ist bald da. Wollt ihr
euch Evchen's Hand erstreiten, rückt Ort und
Zeit das Glück euch nah'. *Zwei Lehrbuben kommen dazu und tragen Bänke* Jetzt
eilig von hinnen! Walther Was soll ich be-
ginnen? Magdalene Lasst David euch lehren,
die freiung begehren. – Davidchen! hör', mein
lieber Gesell, den Ritter bewahr' hier wohl zur
Stell'! Was fein's aus der Küch' bewahr' ich
für dich: und morgen begehr' du noch dreister,
wird heut' der Junker hier Meister. *Sie drängt fort*
Eva *zu Walther* Seh' ich euch wieder? Walther
feurig Heut' Abend, gewiss! –

Was ich will wagen, wie könnt' ich's sagen?
Neu ist mein Herz, neu mein Sinn, neu ist mir
Alles, was ich beginn'. Eines nur weiss ich:
Eines begreif' ich: mit allen Sinnen euch zu
gewinnen! Ist's mit dem Schwert nicht, muss
es gelingen, gilt es als Meister euch zu ersingen,
für euch Gut und Blut! für euch Dichter's
heil'ger Muth! Eva *mit grosser Wärme, ßß* Mein Herz, sel'ger
Gluth, für euch liebesheil'ge Huth! Magdalene
Schnell heim, sonst geht's nicht gut! David
ßßßßßß Walther messend Gleich Meister? Oho! viel Muth!

Magdalene zieht Eva rasch durch die Vorhänge
fort ß Walther hat sich aufgeregt und brütend
in einen erhöhten kathederartigen Lehnstuhl ge-
worfen, welchen zuvor zwei Lehrbuben, von der
Wand ab, mehr nach der Mitte zu gerückt hatten.
Noch mehrere Lehrbuben sind eingetreten; sie tragen
und richten Blinke und bereiten Alles (nach der unten
folgenden Angabe) zur Sitzung der Meistersinger vor.

Erster Lehrbube David, was
stehst? Zweiter Lehrbube
Greif' an's Werk! Dritter
Lehrbube Hilf uns richten
das Gemerk! David Zu eif-
rigst war ich vor euch allen;
schafft nun für euch; hab' an-
der Gefallen! Zweiter Lehrbube Was der sich
dünkt! Dritter Lehrbube Der Lehrling' Muster!
Erster Lehrbube Das macht, weil sein Meister
ein Schuster. Dritter Lehrbube Beim Leisten
sitzt er mit der Feder. Zweiter Lehrbube Beim
Dichten mit Draht und Pfriem'. Erster Lehrbube Sein' Verse schreibt er auf rohes Leder.
Dritter Lehrbube *mit der entsprechen-den Gebärde ßßß* Das, dächt' ich,
gerbten wir ihm! *Sie machen sich lachend an die fernere Herrichtung ß* David *nachdem er ß den sinnenden*

Ritter eine Weile betrachtet, ruft stark: "Fanget an!" Walther *verwundert aufblickend* Was soll's? David *noch stärker* Fanget an!" – So ruft der "Merker"; nun sollt ihr singen: – wisst ihr das nicht? Walther Wer ist der Merker? David Wisst ihr das nicht? War't ihr noch nie bei 'nem Sing-Gericht? Walther Noch nie, wo die Richter Handwerker! David Seid ihr ein "Dichter"? Walther Wär' ich's doch! David Waret ihr "Singer"? Walther Wüsst' ich's noch? David Doch "Schulfreund" war't ihr, und "Schüler" zuvor? Walther Das klingt mir Alles fremd vor'm Ohr. David Und so grad' hin wollt ihr Meister werden? Walther Wie machte das so grosse Beschwerden? David O Lene! Lene! Walther Wie ihr doch thut! David O Magdalene! Walther Rathet mir gut! David Mein Herr! der Singer Meister-Schlag gewinnt sich nicht in einem Tag. In Nürnberg der grösste Meister, mich lehrt die Kunst Hans Sachs; schon voll ein Jahr mich unterweis't er, dass ich als Schüler wachs'. Schuhmacherei und Poeterei, die lern' ich da all' einerlei: hab' ich das Leder glatt geschlagen, lern' ich Vocal und Consonanz sagen; wichst' ich den Draht gar fein und steif, was sich da reimt, ich wohl begreif'; den Pfriemen schwingend, im Stich die Ahl', was stumpf, was klingend, was Mass und Zahl, den Leisten im Schurz, was lang, was kurz, was hart, was lind, hell oder blind, was Waisen, was Mylben, was Kleb-Sylben, was Pausen, was Körner, Blumen und Dörner, das Alles lernt' ich mit Sorg' und Acht: wie weit nun, meint ihr, dass ich's gebracht? Walther Wohl zu 'nem Paar recht guter Schuh'? David Ja, dahin hat's noch lange Ruh'! Ein „Bar" hat manch' Gesätz' und Gebänd'; wer da gleich die rechte Regel fänd', die richt'ge Naht, und den rechten Draht, mit gutgefügten „Stollen", den Bar recht zu verfohlen. Und dann erst kommt der „Abgesang"; dass der nicht kurz, und nicht zu lang, und auch keinen Reim enthält, der schon im Stollen gestellt. — Wer Alles das merkt, weiss und kennt, wird doch immer noch nicht „Meister" genennt. Walther Hilf Gott! Will ich denn Schuster sein? In die Singkunst lieber führ' mich ein. David Ja, hätt' ich's nur selbst erst zum „Singer" gebracht! Wer glaubt wohl, was das für Mühe macht? Der Meister Tön' und Weisen, gar viel an Nam' und Zahl, die starken und die leisen, wer die wüsste allzumal! Der „kurze", „lang" und „überlang" Ton, die „Schreibpapier"-, „Schwarz-Dinten"-Weis'; der „rothe", „blau" und „grüne" Ton, die „Hageblüh"- „Strohhalm"-, „Fengel"-Weis'; der „zarte", der „süsse", der „Rosen"-Ton; der „kurzen Liebe", der „vergess'ne" Ton; die „Rosmarin"-, „Gelbveiglein"-Weis', die „Regenbogen"-, die „Nachtigall"-Weis', die „englische Zinn"-, die „Zimmtröhren"-Weis', „frisch' Pomeranzen"-, „grün Lindenblüh"-Weis', die „Frösch"-, die „Kälber"-, die „Stieglitz"-Weis', die „abgeschiedene Vielfrass"-Weis';

der „Lerchen"-/ der „Schnecken"-/ der „Beller"-Ton/ die „Melissenblümlein"-/ die „Meiran"-Weis'/ „Gelblöwenhaut"-/ „treu Pelikan"-Weis'/ die „buttglänzende Draht"-Weis' ... Walther Hilf Himmel! Welch endlos' Töne-Geleis'! David Das sind nur die Namen: nun lernt sie singen/ recht wie die Meister sie gestellt! Jed' Wort und Ton muss klärlich klingen/ wo steigt die Stimm'/ und wo sie fällt. fangt nicht zu hoch/ zu tief nicht an/ als es die Stimm' erreichen kann; mit dem Athem spart/ dass er nicht knappt; und gar am End' ihr überschnappt. Vor dem Wort mit der Stimme ja nicht summt/ nach dem Wort mit dem Munde auch nicht brummt: nicht ändert an „Blum" und „Coloratur"/ jed' Zierrath fest nach des Meisters Spur; verwechselt ihr/ würdet gar irr/ verlör't ihr euch/ und kämt in's Gewirr: — wär' sonst euch Alles gelungen/ da hättet ihr gar „versungen"! — Trotz grossem Fleiss und Emsigkeit ich selbst noch bracht' es nie so weit. So oft ich's versuch' und 's nicht gelingt/ die „Knieriem-Schlag-Weis'" der Meister mir singt; wenn dann Jungfer Lene nicht Hülfe weiss/ sing' ich die „eitel Brod- und Wasser-Weis'"! — Nehmt euch ein Beispiel dran/ Und lasst von dem Meister-Wahn! Denn „Singer" und „Dichter" müsst ihr sein/ eh' ihr zum „Meister" kehret ein. Walther Wer ist nun Dichter? Lehrbuben während der Arbeit David! kommst' her? David Wartet nur/ gleich! — Wer „Dichter" wär'? Habt ihr zum „Singer" euch aufgeschwungen und der Meister Töne richtig gesungen/ füget ihr selbst nun Reim und Wort/ dass sie genau an Stell' und Ort passten zu einem Meister-Ton / dann trüg' t ihr den Dichterpreis davon. **Lehrbuben** He / David! Soll man's dem Meister klagen? Wirst dich bald des Schwatzens entschlagen? **David** Oho! — Ja wohl! Denn helf' ich euch nicht / ohne mich wird Alles doch falsch gericht'! **Walther** Nun dies noch: wer wird „Meister" genannt? **David** Damit / Herr Ritter / ist's so bewandt: — der Dichter / der aus eig'nem fleisse zu Wort' und Reimen / die er erfand / aus Tönen auch fügt eine neue Weise: der wird als „Meistersinger" erkannt. **Walther** *rasch* So bleibt mir nichts als der Meisterlohn! Soll ich hier singen / kann's nur gelingen / find' ich zum Vers auch den eig'nen Ton. **David** *der sich zu den Lehrbuben gewendet, ↔* Was macht ihr denn da? — Ja / fehl' ich beim Werk / verkehrt nur richtet ihr Stuhl und Gemerk! — Ist denn heut' „Singschul'"? — dass ihr's wisst / das kleine Gemerk! — nur „Freiung" ist! ✿✿✿✿✿

Die Lehrbuben, welche Anstalt getroffen hatten, in der Mitte der Bühne ein grösseres Gerüst mit Vorhängen aufzuschlagen, schaffen auf David's Weisung dies schnell bei Seite und stellen dafür ebenso eilig ein geringeres Brettbodengerüste auf; darauf stellen sie einen Stuhl mit einem kleinen Pult davor, daneben eine grosse schwarze Tafel, daran die Kreide am faden aufgehängt wird; um das Gerüst sind schwarze Vorhänge angebracht, welche zunächst hinten und an beiden Seiten, dann auch vorn ganz zusammengezogen werden.

Die Lehrbuben *während der Herrichtung* Aller End' ist doch David der Allergescheit'st! Nach hohen Ehren gewiss er geizt: 's ist Freiung heut; gar sicher er freit / als vornehmer „Singer" schon er sich spreizt! Die „Schlag"-reime fest er inne hat / „Arm-Hunger"-Weise singt er glatt; die „harte Tritt"-Weis' doch kennt er am best' / die trat ihm sein Meister hart und fest! *Sie lachen.* **David**

Ja, lacht nur zu! Heut' bin ich's nicht; ein Andrer stellt sich zum Gericht: der war nicht „Schüler", ist nicht „Singer", den „Dichter", sagt er, überspring' er; denn er ist Junker, und mit einem Sprung er denkt ohne weit're Beschwerden heut' hier „Meister" zu werden. — D'rum richtet nur fein das Gemerk dem ein! Dorthin! — Hierher! — Die Tafel an die Wand, sodass sie recht dem Merker zur Hand! *Sich zu Walther umwendend* Ja, ja! — dem „Merker"! — Wird euch wohl bang? Vor ihm schon mancher Werber versang. Sieben Fehler giebt er euch vor, die merkt er mit Kreide dort an; wer über sieben Fehler verlor, hat versungen und ganz verthan! Nun nehmt euch in Acht! Der Merker wacht. Glück auf zum Meistersingen! Mögt ihr euch das Kränzlein erschwingen! Das Blumenkränzlein aus Seiden fein, wird das dem Herrn Ritter beschieden sein? Die Lehrbuben *welche das Gemerk zugleich geschlossen haben, fassen sich an und tanzen einen verschlungenen Reigen um dasselbe.* „Das Blumenkränzlein aus Seiden fein, wird das dem Herrn Ritter beschieden sein?"

Die Einrichtung ist nun folgendermaassen beendigt: — Zur Seite rechts sind gepolsterte Bänke in der Weise aufgestellt, dass sie einen schwachen Halbkreis nach der Mitte zu bilden. Am Ende der Bänke, in der Mitte der Scene, befindet sich das „Gemerk" benannte Gerüste, welches zuvor hergerichtet worden. Zur linken Seite steht nur der erhöhte, kathederartige Stuhl („der Singstuhl") der Versammlung gegenüber. Im Hintergrunde, den grossen Vorhang entlang, steht eine lange niedere Bank für die Lehrlinge. — Walther, verdriesslich über das Gespött der Knaben, hat sich auf die vordere Bank niedergelassen. Pogner und Beckmesser kommen im Gespräch aus der Sacristei; allmählich versammeln sich immer mehrere der Meister. Die Lehrbuben, als sie die Meister eintreten sahen, sind sogleich zurückgegangen und harren ehrerbietig an der hinteren Bank. Nur David stellt sich anfänglich am Eingang bei der Sacristei auf.

Pogner *zu Beckmesser:* Seid meiner Treue wohl versehen; was ich bestimmt, ist euch zu nutz: im Wettgesang müsst ihr bestehen; wer böte euch als Meister Trutz? Beckmesser Doch wollt ihr von dem Punkt nicht weichen, der mich — ich sag's — bedenklich macht; kann Evchens Wunsch den Werber streichen, was nützt mir meine Meister-Pracht? Pogner Ei sagt! Ich mein', vor allen Dingen sollt' euch an dem gelegen sein? Könnt ihr der Tochter Wunsch nicht zwingen, wie möchtet ihr wohl um sie frei'n? Beckmesser Ei ja! Gar wohl! D'rum eben bitt' ich, dass bei dem Kind ihr für mich sprecht, wie ich geworben zart und sittig, und wie Beckmesser grad euch recht. Pogner Das thu' ich gern. Beckmesser *bei Seite* Er lässt nicht nach! Wie wehrt' ich da 'nem Ungemach? Walther *der, als er Pogner gewahrt, aufgestanden und ihm entgegengegangen ist, verneigt sich vor ihm* Gestattet, Meister! Pogner Wie! mein Junker! Ihr sucht mich in der Singschul' hie? *Sie be-grüssen sich.* Beckmesser *immer bei Seite, für sich* Verstünden's die Frau'n! Doch schlechtes Geflunker gilt ihnen mehr als all' Poesie. Walther Hie eben bin ich am rechten Ort. Gesteh' ich's frei, vom Lande fort. Was mich nach Nürnberg trieb, war nur zur Kunst die Lieb'. Vergass ich's gestern euch zu sagen, heut' muss ich's laut zu künden wagen: ein Meistersinger möcht' ich sein. Schliesst, Meister, in die Zunft mich ein! *Andere Meister kommen und treten heran* Pogner *zu den nächsten* Kunz Vogelgesang! Freund Nachtigall! Hört doch, welch' ganz besonderer Fall! Der Ritter hier, mir wohlbekannt, hat der Meisterkunst sich zugewandt. *Begrüssungen.* Beckmesser *immer noch für sich* Noch such' ich's zu wenden: doch sollt's nicht gelingen, versuch' ich des Mädchens Herz zu ersingen; in stiller Nacht, von ihr nur gehört, erfahr' ich, ob auf mein Lied sie schwört. *Erwendet sich* Wer ist der Mensch? Pogner *zu Walther* Glaubt, wie mich's freut! Die alte Zeit dünkt mich erneu't. Beckmesser *immer noch für sich* Er gefällt mir nicht! Pogner *fortfahrend* Was ihr begehrt, soviel an mir, euch sei's gewährt. Beckmesser *ebenso* Was will der hier? — Wie der Blick ihm lacht! Pogner *ebenso* Half ich euch gern bei des Gut's Verkauf, in die Zunft nun nehm' ich euch gleich gern auf. Beckmesser *ebenso* Holla! Sixtus! Auf den hab' Acht! Walther *zu Pogner* Habt Dank der Güte aus tiefstem Gemüthe! Und darf ich denn hoffen, steht heut' mir noch offen zu werben um den Preis, dass ich Meistersinger heiss'? Beckmesser Oho! fein sacht! Auf dem Kopf steht kein Kegel! Pogner Herr Ritter, dies geh' nun nach

der Regel. Doch heut' ist Freiung: ich schlag' euch vor; mir leihen die Meister ein willig Ohr. *Die Meistersinger sind nun alle angelangt, zuletzt auch Hans Sachs.* Sachs Gott grüss' euch, Meister! Vogelgesang Sind wir beisammen? Beckmesser Der Sachs ist ja da! Nachtigall So ruft die Namen! Fritz Kothner *zieht eine Liste hervor, stellt sich zur Seite auf und ruft:* Zu einer Freiung und Zunftberathung ging an die Meister ein' Einladung: bei Nenn' und Nam', ob jeder kam, ruf' ich nun auf, als letzt-entbot'ner, der ich mich nenn' und bin Fritz Kothner. Seid ihr da, Veit Pogner? Pogner *Er setzt sich* Hier zur Hand. Kothner Kunz Vogelgesang? Vogelgesang Ein sich fand. *Setzt sich.* Kothner Hermann Ortel? Ortel Immer am Ort. *Setzt sich.* Kothner Balthasar Zorn? Zorn Bleibt niemals fort. *Setzt sich.* Kothner Konrad Nachtigall? Nachtigall Treu seinem Schlag. *Setzt sich.* Kothner Augustin Moser? Moser Nie fehlen mag. *Setzt sich.* Kothner Niklaus Vogel? – Schweigt? Ein Lehrbube *sich schnell von der Bank erhebend* Ist krank. Kothner Gut' Bess'rung dem Meister! Alle Meister Walt's Gott! Der Lehrbube Schön Dank! *Setzt sich wieder.* Kothner Hans Sachs? David *vorlaut sich erhebend* Da steht er! Sachs *drohend zu David* Juckt dich das Fell? – Verzeiht, Meister! – Sachs ist zur Stell'. *Er setzt sich.* Kothner Sixtus

Beckmeſſer? **Beckmeſſer** Immer bei Sachs, dass den Reim ich lern' von „blüh' und wachs"! *Er ſetzt ſich neben Sachs. Dieſer lacht* **Kothner** Ulrich Eisslinger? **Eisslinger** Hier! *Setzt ſich* **Kothner** Hans Foltz? **Foltz** Bin da. *Setzt ſich* **Kothner** Hans Schwarz? **Schwarz** Zuletzt: Gott wollt's! *Setzt ſich* **Kothner** Zur Sitzung gut und voll die Zahl. Beliebt's, wir ſchreiten zur Merkerwahl? **Vogelgeſang** Wohl eh'r nach dem feſt. **Beckmeſſer** *zu Kothner* Preſſirt's den Herrn! Mein Stell' und Amt lass ich ihm gern. **Pogner** Nicht doch, ihr Meiſter! Lasst das jetzt fort. Für wicht'gen Antrag bitt' ich um's Wort. *Alle Meiſter ſtehen auf und ſetzen ſich wieder.* **Kothner** Das habt ihr, Meiſter! Sprecht! **Pogner** Nun hört, und verſteht mich recht! — Das ſchöne feſt, Johannis-Tag, ihr wisst, begeh'n wir morgen: auf grüner Au', am Blumenhag, bei Spiel und Tanz im Luſtgelag, an froher Bruſt geborgen, vergeſſen ſeiner Sorgen, ein Jeder freut ſich, wie er mag. Die Singſchul' ernſt im Kirchenchor die Meiſter ſelbſt vertauſchen; mit Kling und Klang hinaus zum Thor, auf off'ne Wieſe ziehn ſie vor, bei hellen feſtes Rauſchen; das Volk ſie laſſen lauſchen dem Frei-Geſang mit Laien-Ohr. Zu einem Werb'- und Wett-Geſang geſtellt ſind Siegespreiſe, und beide rühmt man weit und lang, die Gabe wie die Weiſe. Nun ſchuf mich Gott zum reichen Mann; und giebt ein Jeder, wie er kann, ſo musst' ich fleiſſig ſinnen, was ich gäb' zu gewinnen, dass ich nicht käm' zu Schand': ſo höret, was ich fand. — In deutſchen Landen viel gereis't, hat oft es mich verdroſſen, dass man den Bürger

wenig preis't / ihn karg nennt und verschlossen:
an Höfen / wie an nied'rer Statt / des bitt'ren
Tadels ward ich satt / dass nur auf Schacher
und Geld sein Merk' der Bürger stellt'. Dass

wir im weiten deutschen Reich die Kunst einzig
noch pflegen / d'ran dünkt' ihnen wenig gelegen: doch wie uns das zur Ehre gereich' / und
dass mit hohem Muth wir schätzen / was schön

und gut / was werth die Kunst / und was sie gilt / das ward ich der Welt zu zeigen gewillt. D'rum hört / Meister / die Gab' / die als Preis bestimmt ich hab': dem Singer / der im Kunst-Gesang vor allem Volk den Preis errang am Sankt Johannistag / sei er / wer er auch mag / dem geb' ich / ein Kunst-gewog'ner / von Nürenberg Veit Pogner / mit all' meinem Gut / wie's geh' und steh' / Eva / mein einzig Kind / zur Eh'. Die Meister _{sehr lebhaft /
durcheinander} Das nenn' ich ein Wort! Ein Wort / ein Mann! Da sieht man / was ein Nürnberger kann! D'rob preis't man euch noch weit und breit / den wack'ren Bürger Pogner Veit! Die Lehrbuben _{lustig auf-
springend} Alle Zeit / weit und breit: Pogner Veit! Vogelgesang Wer möchte da nicht ledig sein! Sachs Sein Weib gäb' gern wohl mancher d'rein! Kothner Auf / ledig' Mann! Jetzt macht euch 'ran! Pogner Nun hört noch / wie ich's ernstlich mein'! Ein' leblos' Gabe stell' ich nicht: ein Mägdlein sitzt mit zu Gericht. Den Preis erkennt die Meister-Zunft; doch gilt's der Eh' / so will's Vernunft / dass ob der Meister Rath die Braut den Ausschlag hat. Beckmesser _{heftig
zu Kothner} Dünkt euch das klug? Kothner _{fast
laut} Versteh' ich gut / ihr gebt uns in des Mägdlein's Huth? Beckmesser Gefährlich das! Kothner Stimmt es nicht bei / wie wäre dann der Meister Urtheil frei? Beckmesser Lasst's gleich wählen nach Herzen's Ziel / und lasst den Meistergesang aus dem Spiel! Pogner Nicht so! Wie doch? Versteht mich recht! Wem ihr Meister den Preis zusprecht / die Maid kann dem verwehren / doch nie einen Andren begehren: ein

Meistersinger muss er sein; nur wen ihr krönt/ den soll sie frei'n. Sachs Verzeiht! Vielleicht schon ginget ihr zu weit. Ein Mädchenherz und Meisterkunst erglüh'n nicht stets von gleicher Brunst; der Frauen Sinn/ gar unbelehrt/ dünkt mich dem Sinn des Volks gleich werth. Wollt ihr nun vor dem Volke zeigen/ wie hoch die Kunst ihr ehrt; und lasst ihr dem Kind die Wahl zu eigen/ wollt nicht/ dass dem Spruch es wehrt': so lasst das Volk auch Richter sein; mit dem Kinde sicher stimmt's überein. Die Meister unruhig durcheinander. Oho! Das Volk? Ja/ das wäre schön! Ade dann Kunst und Meistertön'! Kothner Nein/ Sachs! Gewiss/ das hat keinen Sinn! Gäb't ihr dem Volk die Regeln hin? Sachs Vernehmt mich recht! Wie ihr doch thut! Gesteht/ich kenn' die Regeln gut; und dass die Zunft die Regeln bewahr'/ bemüh' ich mich selbst schon manches Jahr. Doch einmal im Jahre fänd' ich's weise/ dass man die Regeln selbst probir'/ ob in der Gewohnheit trägem G'leise ihr' Kraft und Leben sich nicht verlier': und ob ihr der Natur noch seid auf rechter Spur/ das sagt euch nur/ wer nichts weiss von der Tabulatur. Die Lehrbuben springen auf und reiben sich die Hände. Beckmesser Hei! wie sich die Buben freuen! Sachs eifrig fortfahrend. D'rum mocht's euch nie gereuen/ dass jährlich am Sankt Johannisfest/ statt dass das Volk man kommen lässt/ herab aus hoher Meister-Wolk' ihr selbst euch wendet zu dem Volk'. Dem Volke wollt ihr behagen; nun dächt' ich/ läg' es nah'/ ihr liesst es selbst euch auch sagen/ ob

das ihm zur Lust geschah. Dass Volk und Kunst gleich blüh' und wachs', bestellt ihr so, mein' ich, Hans Sachs. Vogelgesang Ihr meint's wohl recht! Kothner Doch steht's drum faul. Nachtigall Wenn spricht das Volk, halt' ich das Maul. Kothner Der Kunst droht' allweil' Fall und Schmach, läuft sie der Gunst des Volkes nach. Beckmesser D'rin bracht' er's weit, der hier so dreist: Gassenhauer dichtet er meist. Pogner Freund Sachs, was ich mein', ist schon neu: zuviel auf einmal brächte Reu'! – So frag' ich, ob den Meistern gefällt Gab' und Regel, wie ich's gestellt? *Die Meister erheben sich.* Sachs Mir genügt der Jungfer Ausschlag-Stimm'. Beckmesser *für sich* Der Schuster weckt doch stets mir Grimm! Kothner Wer schreibt sich als Werber ein? Ein Jung-Gesell muss es sein. Beckmesser Vielleicht auch ein Wittwer? Fragt nur den Sachs! Sachs Nicht doch, Herr Merker! Aus jüng'rem Wachs als ich und ihr muss der Freier sein, soll Evchen ihm den Preis verleih'n. Beckmesser Als wie auch ich? – Grober Gesell! Kothner Begehrt wer Freiung, der komm' zur Stell'! Ist Jemand gemeld't, der Freiung begehrt? Pogner Wohl, Meister! Zur Tagesordnung kehrt! Und nehmt von mir Bericht, wie ich auf Meister-Pflicht einen jungen Ritter empfehle, der wünscht, dass man ihn wähle, und heut' als Meistersinger frei.' – Mein Junker von Stolzing, kommt herbei! *Walther tritt vor und verneigt sich.* Beckmesser *für sich* Dacht' ich mir's doch! Geht's da hinaus, Veit? *Laut* Meister, ich mein' zu spät ist's der Zeit. Die Meister *durcheinander* Der Fall ist neu. – Ein Ritter gar? Soll man sich freu'n? – Oder wär' Gefahr? Immerhin hat's ein gross'

Gewicht, dass Meister Pogner für ihn spricht. **Kothner** Soll uns der Junker willkommen sein, zuvor muss er wohl vernommen sein. **Pogner** Vernehmt ihn gut! Wünsch' ich ihm Glück, nicht bleib' ich doch hinter der Regel zurück. Thut, Meister, die Fragen! **Kothner** So mög' uns der Junker sagen: ist er frei und ehrlich geboren? **Pogner** Die Frage gebt verloren, da ich euch selbst dess' Bürge steh', dass er aus frei und edler Eh': von Stolzing Walther aus Frankenland, nach Brief' und Urkund' mir wohlbekannt. Als seines Stammes letzter Spross, verliess er neulich Hof und Schloss, und zog nach Nürnberg her, dass er hier Bürger wär'. **Beckmesser** *zum Nachbar* Neu Junker-Unkraut! Thut nicht gut. **Nachtigall** *laut* Freund Pogner's Wort Genüge thut. **Sachs** Wie längst von den Meistern beschlossen ist, ob Herr, ob Bauer, hier nichts beschiesst: hier fragt sich's nach der Kunst allein, wer will ein Meistersinger sein. **Kothner** Drum nun frag' ich zur Stell'; welch' Meister's seid ihr Gesell'? **Walther** m stillen Herd in Winterszeit, wenn Burg und Hof mir eingeschnei't, wie einst der Lenz so lieblich lacht', und wie er bald wohl neu erwacht', ein altes Buch, vom Ahn' vermacht, gab das mir oft zu lesen: Herr Walther von der Vogelweid', der ist mein Meister gewesen. **Sachs** Ein guter Meister! **Beckmesser** Doch lang' schon todt: wie lehrt' ihn der wohl der Regel Gebot? **Kothner** Doch in welcher Schul' das Singen mocht' euch zu lernen gelingen? **Walther**

Dann dann die Flur vom Frost befreit, und wiederkehrt die Sommerszeit, was einst in langer Winternacht das alte Buch mir kund gemacht, das schallte laut in Waldespracht, das hört' ich hell erklingen: im Wald dort auf der Vogelweid', da lernt' ich auch das Singen. *Beckmesser* Oho! Von Finken und Meisen lerntet ihr Meister-Weisen? Das mag denn wohl auch darnach sein! Vogelgesang Zwei art'ge Stollen fasst er da ein. *Beckmesser* Ihr lobt ihn, Meister Vogelgesang? Wohl weil er vom Vogel lernt' den Gesang? *Kothner* beiseit' zu den Meistern Was meint ihr, Meister? Frag' ich noch fort? Mich dünkt, der Junker ist fehl am Ort. *Sachs* Das wird sich bäldlich zeigen: wenn rechte Kunst ihm eigen, und gut er sie bewährt, was gilt's, wer sie ihn gelehrt? *Kothner* Meint, Junker, ihr in Sang' und Dicht' euch rechtlich unterwiesen, und wollt ihr, dass im Zunftgericht zum Meister wir euch kiesen: seid ihr bereit, ob euch gerieth mit neuer find' ein Meisterlied, nach Dicht' und Weis' eu'r eigen, zur Stunde jetzt zu zeigen? *Walther* **W**as Winternacht, was Waldespracht, was Buch und Hain mich wiesen; was Dichter-Sanges Wundermacht mir heimlich wollt' erschliessen; was Rosses Schritt beim Waffen-Ritt, was Reihen-Tanz bei heit'rem Schanz mir sinnend gab zu lauschen: gilt es des Lebens höchsten Preis um Sang mir einzutauschen, zu eig'nem Wort und eig'ner Weis' will einig mir es fliessen, als Meistersang, ob den ich

Wann dann die Flur vom Frost befreit—

weiss, euch Meistern sich ergiessen. Beckmesser Entnahmt ihr, was der Worte Schwall? Vogelgesang Ei nun, er wagt's! Nachtigall Merkwürd'ger Fall! Kothner Nun, Meister, wenn's gefällt, werd' das Gemerk bestellt. — Wählt der Herr einen heil'gen Stoff? Walther Was heilig mir, der Liebe Panier schwing' und sing' ich, mir zu Hoff'. Kothner Das gilt uns weltlich. Drum allein, Merker Beckmesser, schliesst euch ein! Beckmesser *aufstehend und dem Gemerk zuschreitend* Ein sau'res Amt, und heut' zumal; wohl giebt's mit der Kreide manche Qual. — Herr Ritter, wisst: Sixtus Beckmesser Merker ist; hier im Gemerk verrichtet er still sein strenges Werk. Sieben fehler giebt er euch vor, die merkt er mit Kreide dort an: wenn er über sieben Fehler verlor, dann verfang der Herr Rittersmann. — Gar fein er hört; doch dass er euch den Muth nicht stört, säh' ich ihm zu, so giebt er euch Ruh, und schliesst sich gar hier ein, — lässt Gott euch befohlen sein.

<small>Er hat sich in das Gemerk gesetzt, streckt mit dem letzten den Kopf böhmisch freundlich nickend heraus und zieht den vorderen Vorhang, den zuvor einer der Lehrbuben geöffnet hatte, wieder ganz zusammen, so dass er unsichtbar wird.</small>

Kothner hat die von den Lehrbuben aufgehängten „Leges Tabulaturae" von der Wand genommen 🎵🎵🎵🎵🎵🎵🎵🎵🎵

Das euch zum Liede Richt' und Schnur, vernehmt nun aus der Tabulatur. — 🎵🎵🎵 Er liesst „Ein jedes Meistergesanges Bar stell' ordentlich ein Gemässe dar aus unterschiedlichen Gesetzen, die Keiner soll verletzen. Ein Gesetz besteht aus zweenen Stollen, die gleiche Melodei haben sollen; der Stoll' aus etlicher Vers' Gebänd', der Vers hat seinen Reim am End'. Darauf so folgt der Abgesang, der sei auch etlich' Verse lang, und hab' sein' besondere Melodei, als nicht im Stollen zu finden sei. Derlei Gemässes mehre Baren soll ein jed' Meisterlied bewahren; und wer ein neues Lied gericht', das über vier der Sylben nicht eingreift in andrer Meister Weis', des' Lied erwerb' sich Meister-Preis." — Nun setzt euch in den Singestuhl! **Walther** Hier in den Stuhl? **Kothner** Wie's Brauch der Schul'. **Walther** besteigt den Stuhl und setzt sich mit Missbehagen für dich, Geliebte, sei's gethan! **Kothner** sehr laut Der Sänger sitzt. **Beckmesser** im Gemerk, sehr grell fanget an! **Walther** nach einiger Sammlung

Fanget an! So rief der Lenz in den Wald, dass laut es ihn durchhallt; und wie in ferneren Wellen der Hall von dannen flieht, von weitem nahet ein Schwellen, das mächtig näher zieht; es schwillt und schallt, es tönt der Wald von holder Stimmen Gemenge; nun laut und hell schon nah' zur Stell', wie wächst der Schwall! Wie Glockenhall ertos't des Jubels Gedränge! Der Wald, wie bald antwortet er

dem Ruf, der neu ihm Leben schuf, stimmte an das süsse Lenzes-Lied! — 🌸🌸🌸🌸🌸

<small>Man hat aus dem Gemerk wiederholt unmuthige Seufzer des Merkers und heftiges Anstreichen mit der Kreide vernommen. Auch Walther hat es bemerkt und fährt, dadurch für eine kurze Weile gestört, fort 🌸🌸🌸🌸🌸🌸🌸🌸</small>

In einer Dornenhecken, von Neid und Gram verzehrt, muss er sich da verstecken, der Winter, Grimm-bewehrt: von dürrem Laub umrauscht er lauert da und lauscht, 🌸 wie er das frohe Singen zu Scha-🌸 den könnte bringen. — <small>Unmuthig vom Stuhl aufstehend</small>  och: fanget an! So rief es mir in die Brust, als noch ich von Liebe nicht wusst'. Da fühlt' ich's tief sich regen, als weckt es mich aus dem Traum; mein Herz mit bebenden Schlägen erfüllte des Busens Raum: das Blut, es wall't mit Allgewalt, geschwellt von neuem Gefühle; aus warmer Nacht mit Uebermacht schwillt mir zum Meer der Seufzer Heer in wildem Wonne-Gewühle: die Brust, mit Lust antwortet sie dem Ruf, der neu ihr Leben schuf: stimmt nun an das hehre Liebes-Lied! **Beckmesser** <small>der immer unruhiger geworden, reisst den Vorhang auf</small> Seid ihr nun fertig? **Walther** Wie fraget ihr? **Beckmesser** <small>die ganz mit Kreidestrichen bedeckte Tafel herausstellend</small> Mit der Tafel ward ich fertig schier. <small>Die Meister müssen lachen</small> **Walther** Hört doch! Zu meiner Frauen Preis gelang' ich jetzt erst mit der Weis'. **Beckmesser** <small>das Gemerk verlassend</small> Singt, wo ihr wollt! Hier habt ihr verthan. — Ihr Meister, schaut die Tafel euch an: solang' ich leb', ward's nicht erhört; ich glaubt's nicht, wenn ihr's All' auch schwört! <small>Die Meister sind im Aufstand durcheinander</small> **Walther** Erlaubt ihr's, Meister, dass er mich stört? Blieb ich von Allen ungehört? Pogner Ein Wort, Herr Merker! Ihr seid gereizt! Beckmesser Sei Merker fortan, wer darnach geizt! Doch dass der Ritter versungen hat, beleg' ich erst noch vor der Meister Rath. Zwar wird's 'ne harte Arbeit sein: wo beginnen, da wo nicht aus noch ein? Von falscher Zahl, und falschem Gebänd' schweig' ich schon ganz und gar; zu kurz, zu lang, wer ein End' da fänd'! Wer meint hier im Ernst einen Bar? Auf „blinde Meinung" klag' ich allein: sagt, könnt' ein Sinn unsinniger sein? Mehrere Meister Man ward nicht klug! Ich muss gesteh'n, ein Ende konnte Keiner erseh'n. Beckmesser. Und dann die Weis'! Welch tolles Gekreis' aus „Abenteuer"-, „blau Rittersporn"- Weis', „hoch Tannen"- und „stolz Jüngling"- Ton! Kothner Ja, ich verstand gar nichts davon! Beckmesser Kein Absatz wo, kein' Coloratur, von Melodei auch nicht eine Spur! Mehrere Meister durch-einander Wer nennt das Gesang? 's ward einem bang! Eitel Ohrengeschinder! Gar nichts dahinter! Kothner Und gar vom Singstuhl ist er gesprungen! Beckmesser Wird erst auf die Fehlerprobe gedrungen? Oder gleich erklärt, dass er versungen? Sachs der von Beginn an Walther mit zunehmendem Ernste zugehört, Halt! Meister! Nicht so geeilt! Nicht Jeder eure Meinung theilt. — Des Ritters Lied und Weise, sie fand ich neu, doch nicht verwirrt; verliess er uns're G'leise, schritt er doch fest und unbeirrt. Wollt ihr nach Regeln messen, was nicht nach eurer Regeln Lauf, der eig'nen Spur vergessen, sucht davon erst die Regeln

auf! Beckmesser Aha! Schon recht! Nun hört ihr's doch: den Stümpern öffnet Sachs ein Loch, da aus und ein nach Belieben ihr Wesen leicht sie trieben. Singet dem Volk auf Markt und Gassen; hier wird nach den Regeln nur eingelassen! Sachs Herr Merker, was doch solch ein Eifer? Was doch so wenig Ruh'? Eu'r Urtheil, dünkt mich, wäre reifer, hörtet ihr besser zu. Darum, so komm' ich jetzt zum Schluss, dass den Junker zu End' man hören muss. Beckmesser Der Meister Zunft, die ganze Schul', gegen den Sachs da sind wie Null. Sachs Verhüt' es Gott, was ich begehr', dass das nicht nach den Gesetzen wär'! Doch da nun steht's geschrieben, der Merker werde so bestellt, dass weder Hass noch Lieben das Urtheil trüben, das er fällt. Geht der nun gar auf Freiers-füssen, wie sollt' er da die Lust nicht büssen, den Nebenbuhler auf dem Stuhl zu schmähen vor der ganzen Schul'? Walther flammt auf. Nachtigall Ihr geht zu weit! Kothner Persönlichkeit! Pogner zu den Meistern Vermeidet, Meister, Zwist und Streit! Beckmesser Ei, was kümmert's doch Meister Sachsen, auf was für füssen ich geh'? Liess' er d'rob lieber Sorge sich wachsen, dass nichts mir drück' die Zeh'! Doch seit mein Schuster ein grosser Poet, gar übel es um mein Schuhwerk steht; da seht, wie es schlappt, und überall klappt! All' seine Vers' und Reim' liess ich ihm gern daheim, Historien, Spiel' und Schwänke dazu, brächt' er mir morgen die neuen Schuh'! Sachs Ihr mahnt mich da gar recht: doch schickt sich's, Meister, sprecht, dass, find' ich selbst dem

Eseltreiber ein Sprüchlein auf die Sohl', dem hochgelahrten Herrn Stadtschreiber ich nichts d'rauf schreiben soll? Das Sprüchlein, das eu'r würdig sei, mit all' meiner armen Poeterei fand ich noch nicht zur Stund'; doch wird's wohl jetzt mir kund, wenn ich des Ritters Lied gehört: — d'rum sing' er nun weiter ungestört!
Walther, in grosser Aufregung, stellt sich auf den Singstuhl. Beckmesser Nichts weiter! Zum Schluss! Die Meister Genug! Zum Schluss! Sachs *zu Walther* Singt, dem Herrn Merker zum Verdruss! Beckmesser *holt, während Walther beginnt, aus dem Gemerk die Tafel herbei und hält sie während des Folgenden, von Einem zum Andern sich wendend, zur Prüfung den Meistern vor, die er schliesslich zu einem Kreis um sich zu vereinigen bemüht ist, welchem er immer die Tafel zur Einsicht vorhält.*

Was sollte man da noch hören? Wär's nicht nur uns zu bethören? *Zugleich mit den Meistern, Pogner, Walther, Sachs und den Lehrbuben* Jeden der Fehler, gross und klein, seht genau auf der Tafel ein. — "falsch Gebänd", "unredbare Worte", "Kleb-Sylben", hier "Laster" gar; "Aequivoca", "Reim am falschen Orte", "verkehrt", "verstellt" der ganze Bar; ein "Flickgesang" hier zwischen den Stollen; "blinde Meinung" allüberall; "unklare Wort", "Differenz", die "Schrollen", da, "falscher Athem", hier, "Ueberfall". Ganz unverständliche Melodei! Aus allen Tönen ein Mischgebräu'! Scheu'tet ihr nicht das Ungemach, Meister, zählt mir die Striche nach! Verloren hätt' er schon mit dem acht': doch so weit wie der hat's noch Keiner gebracht! Wohl über fünfzig, schlecht gezählt! Sagt, ob ihr euch zum Meister wählt? Die Meister *durcheinander* Ja wohl, so ist's! Ich seh' es recht. Mit dem Herrn Ritter steht es schlecht. Mag Sachs von ihm halten, was er will, hier in der

Singschul' schweig' er still! Bleibt einem jeden
doch unbenommen, wen er zum Genossen begehrt? Wär' uns der erste Best' willkommen,
was blieben die Meister dann werth? — Hei!
Wie sich der Ritter da quält! Der Sachs hat
ihn sich erwählt! — 's ist ärgerlich gar! D'rum
macht ein End'! Auf, Meister, stimmt und
erhebt die Händ'! Pogner für Ja wohl, ich seh's,
was mir nicht recht: mit meinem Junker steht
es schlecht! Weiche ich hier der Uebermacht,
mir ahnet, dass mir's Sorge macht. Wie
gerne säh' ich ihn angenommen, als Eidam
wär' er mir gar werth; nehm' ich den Sieger
nun willkommen, wer weiss, ob ihn mein
Kind begehrt! Gesteh' ich's, dass mich das
quält, ob Eva den Meister wählt! Walther
in übermüthig verzweifelter Begeisterung, hoch auf dem Singstuhl aufgerichtet
und auf die unruhig durcheinander sich bewegenden Meister herabblickend ꝛc.ꝛc.

Aus finst'rer Dornenhecken die Eule
rauscht hervor, thät rings mit
Kreischen wecken der Raben heis-
ren Chor: in nächt'gem Heer zu
Hauf wie krächzen all' da auf, mit
ihren Stimmen, den hohlen, die Elstern,
Kräh'n und Dohlen! Auf da steigt mit gold'-
nem Flügelpaar ein Vogel wunderbar: sein
strahlend hell Gefieder licht in den Lüften
blinkt; schwebt selig hin und wieder, zu Flug
und Flucht mir winkt. Es schwillt das Herz von
süssem Schmerz, der Not entwachsen Flügel:
es schwingt sich auf zum kühnen Lauf, zum
Flug durch die Luft aus der Städte Gruft, dahin zum heim'schen Hügel; dahin zur grünen
Vogelweid', wo Meister Walther einst mich
freit'; da sing' ich hell und hehr der liebsten

frauen Ehr': auf da steigt, ob Meister-Kräh'n ihm ungeneigt, das stolze Minne-Lied. — Ade! ich Meister, bienied'! Er verlässt mit einer stolz verächtlichen Gebärde den Stuhl und wendet sich zum Fortgehen. Sachs Walther's Gesang folgend Ha, welch ein Muth! Begeist'rungs-Gluth! — Ihr Meister, schweigt doch und hört! Hört, wenn Sachs euch beschwört! — Herr Merker da! gönnt doch nur Ruh'! Lasst And're hören! gebt das nur zu! — Umsonst! All eitel Trachten! Kaum vernimmt man sein eigen Wort! Des Junkers will Keiner achten: — das heiss' ich Muth, singt der noch fort! Das Herz auf dem rechten Fleck: ein wahrer Dichter-Reck'! — Mach' ich, Hans Sachs, wohl Vers' und Schuh', ist Ritter der und Poet dazu. Die Lehrbuben welche längst sich die Hände rieben und von der Bank aufsprangen, schliessen jetzt gegen das Ende wieder ihren Reigen und tanzen um das Gemerk. Glück auf zum Meistersingen, mögt' ich euch das Kränzlein erschwingen, Das Blumenkränzlein aus Seiden fein, wird das dem Herrn Ritter beschieden sein? Beckmesser Nun, Meister, kündet's an! Die Mehrzahl hebt die Hände auf Alle Meister Versungen und verthan!

Alles geht in Aufregung auseinander; lustiger Tumult der Lehrbuben, welche sich des Gemerkes und der Meisterbänke bemächtigen, wodurch Gedränge und Durcheinander der nach dem Ausgange sich wendenden Meister entsteht. — Sachs, der allein im Vordergrunde verblieben, blickt noch gedankenvoll nach dem leeren Singstuhl; als die Lehrbuben auch diesen erfassen und Sachs darob mit humoristisch-unmuthiger Gebärde sich abwendet, fällt der Vorhang

Zweiter Aufzug.

Die Bühne stellt im Vordergrunde eine Strasse im Längendurchschnitte dar, welche in der Mitte von einer schmalen Gasse, nach dem Hintergrunde zu krumm abbiegend, durchschnitten wird, so dass sich im Front zwei Eckhäuser darbieten, von denen das eine reichere — rechts — das Haus Pogner's, das andere einfachere — links — das des Hans Sachs ist. — Zu Pogner's Hause führt von der vorderen Strasse aus eine Treppe von mehreren Stufen: vertiefte Thüre, mit Steinsitzen in den Nischen. Zur Seite ist der Raum, ziemlich nahe an Pogner's Hause, durch eine dichtstämmige Linde abgegrenzt; grünes Gesträuch umgiebt sie am Fuss, vor welchem auch eine Steinbank angebracht ist. — Der Eingang zu Sachsen's Hause ist ebenfalls nach der vorderen Strasse zu gelegen: eine getheilte Ladenthüre führt hier unmittelbar in die Schusterwerkstatt; dicht dabei steht ein Fliederbaum, dessen Zweige bis über den Laden hereinhängen. Nach der Gasse zu hat das Haus noch zwei Fenster, von welchen das eine zur Werkstatt, das andere zu einer dahinterliegenden Kammer gehört. (Alle Häuser, namentlich auch die der engeren Gasse, müssen praktikabel sein.) Heiterer Sommerabend, im Verlaufe der ersten Auftritte allmählich einbrechende Nacht. David ist darüber her, die Fensterläden nach der Gasse zu von aussen zu schliessen. Andere Lehrbuben thun das Gleiche bei andern Häusern.

„Johannistag! Johannistag!" Wie der nur die Jungfer Lene nicht kennen mag! Magdalene David! hör' doch! kehr' dich zu mir! David Ach, Jungfer Lene! Ihr seid hier? Magdalene *auf ihren Korb deutend* Bring' dir was Gut's; schau' nur hinein! Das soll für mein lieb' Schätzel sein. — Erst aber schnell, wie ging's mit dem Ritter? Du riethest ihm gut? Er gewann den Kranz? David Ach, Jungfer Lene! Da steht's bitter; der hat verthan und versungen ganz! Magdalene Versungen? Verthan? David Was geht's euch nur an? Magdalene *den Korb, nach welchem David die Hand ausstreckt, heftig zurückziehend* Hand von der Taschen! Nichts da zu naschen! — Hilf Gott! Unser Junker verthan! *Sie geht mit Gebärden der Trostlosigkeit nach dem Hause zurück. David sieht ihr verblüfft nach.* Die Lehrbuben *die unbemerkt näher geschlichen waren, lauschten hatten und sich jetzt, wie glückwünschend, David präsentiren* Heil, Heil zur Eh' dem jungen Mann! Wie glücklich hat er gefreit'! Wir hörten's All', und sahen's an: der er sein Herz geweiht, für die er lässt sein Leben, die hat ihm den Korb nicht gegeben. David *auf.fahrend* Was steht ihr hier faul? Gleich haltet eu'r Maul! Die Lehrbuben *David umtanzend* Johannistag! Johannistag! Da frei't ein Jeder wie er mag. Der Meister freit! der Bursche freit, da gibt's Geschlamb' und Geschlumbfer! — Der Alte freit die junge Maid, der Bursche die alte Jumbfer! — Juchhei! Juchhei! Johannistag! *David ist im Begriff, wüthend dreinzuschlagen, als Sachs, der aus der Gasse hervorgekommen, dazwischen tritt. Die Buben fahren auseinander.* Sachs Was gibt's? Treff' ich dich wieder am Schlag? David Nicht ich! Schandlieder singen die. Sachs Hör' nicht drauf! Lern's besser wie sie! — Zur Ruh'! in's Haus! Schliess' und

mach' Licht! David Hab' ich noch Sing-
stund'? Sachs Nein, singst nicht! Zur Straf'
für dein heutig' frech' Erdreisten. — Die neuen
Schuh' steck' auf den Leisten!
Sie sind Beide in die Werkstatt eingetreten und gehen durch innere Thüren ab.
Die Lehrbuben haben sich ebenfalls zerstreut. Pogner und Eva, wie vom
Spaziergange heimkehrend, die Tochter leicht am Arme des Vaters eingedenkt,
sind beide schweigsam und in Gedanken die Gasse heraufgekommen.
Pogner noch auf der Gasse, durch eine Klinze im
Fensterladen von Sachsens Werkstatt spähend Lass sehn,
ob Nachbar Sachs zu Haus? — Gern spräch'
ich ihn. Trät' ich wohl ein?
David kommt mit Licht aus der Kammer, setzt sich damit an den Werktisch
am Fenster und macht sich über die Arbeit her
Eva Er scheint daheim: kommt Licht heraus.
Pogner Thu' ich's? — Zu was doch? — Besser,
nein! Er wendet sich ab Will Einer Selt-
nes wagen, was liess' er da
sich sagen? — nach einigem Sinnen War er's
nicht, der meint', ich ging zu
weit?.. Und blieb ich nicht
im Geleise, war's nicht in
seiner Weise? — Doch
war's vielleicht auch —
Eitelkeit? — Zu Eva Und du, mein Kind, du
sagst mir nichts? Eva Ein folgsam Kind, ge-
fragt nur spricht's. Pogner Wie klug! Wie
gut! Komm', setz' dich hier ein' Weil' noch auf
die Bank zu mir. Er setzt sich auf die Steinbank unter der Linde Eva Wird's
nicht zu kühl? 's war heut gar schwül. Pogner

icht doch, 's ist mild und labend;
gar lieblich lind der Abend. Eva setzt sich
beklommen
Das deutet auf den schönsten Tag,
der morgen dir soll scheinen. O Kind,
sagt dir kein Herzensschlag, welch'
Glück dich morgen treffen mag, wenn Nürenberg, die ganze Stadt mit Bürgern und Gemeinen, mit Zünften, Volk und hohem Rath,
vor dir sich soll vereinen, dass du den Preis, das

edle Reis, ertheilest als Gemahl dem Meister deiner Wahl? Eva Lieb' Vater, muss es ein Meister sein? Pogner Hör' wohl: ein Meister deiner Wahl. *Magdalene erscheint an der Thür und winkt Eva.* Eva *zerstreut* Ja — meiner Wahl. — Doch, tritt nun ein — Gleich, Lene, gleich! — zum Abendmahl. Pogner *ärgerlich, aufstehend* 's gibt doch keinen Gast? Eva *wie oben* Wohl den Junker? Pogner *verwundert* Wie so? Eva Sahst ihn heut' nicht? Pogner *halb für sich* Ward sein' nicht froh. — Nicht doch! — Was denn? — Ei! werd' ich dumm? Eva Lieb' Väterchen, komm'! Geh', kleid' dich um! Pogner *voran in das Haus gehend* Hm! — Was geht mir im Kopf doch 'rum? *ab.* Magdalene *heimlich* Hast was heraus? Eva *ebenso* Blieb still und stumm. Magdalene Sprach David: meint', er habe verthan. Eva Der Ritter! — Hilf Gott, was fing' ich an? Ach, Lene, die Angst! Wo 'was erfahren? Magdalene Vielleicht vom Sachs? Eva Ach, der hat mich lieb! Gewiss, ich geh' hin. Magdalene Lass drin nichts gewahren! Der Vater merkt es, wenn man jetzt blieb'. — Nach dem Mahl: dann hab' ich dir noch' was zu sagen, was Jemand geheim mir aufgetragen. Eva Wer denn? Der Junker? Magdalene Nichts da! Nein! Beckmesser. Eva Das mag 'was Rechtes sein!

Sie gehen in das Haus, so Sachs ist, in leichter Hauskleidung, in die Werkstatt zurückgekommen. Er wendet sich zu David, der an seinem Werktische verblieben ist.

Sachs Zeig' her! — 's ist gut. — Dort an die Thür rück' mir Tisch und Schemel herfür! — Leg' dich zu Bett! Wach' auf bei Zeit, verschlaf' die Dummheit, sei morgen gescheit! David *richtet Tisch und Schemel* Schafft ihr noch Arbeit? Sachs Kümmert dich das? David *für sich* Was war nur der Lene? — Gott weiss, was! — Warum wohl der Meister heute wacht? Sachs Was steh'st noch? David Schlaft wohl, Meister! Sachs Gut' Nacht! David geht in die Kammer ab. Sachs legt sich die Arbeit zurecht, setzt sich an der Thür auf den Schemel, lässt dann die Arbeit wieder liegen und lehnt, mit dem Arm auf den geschlossenen Untertheil des Ladens gestützt, sich zurück ie duftet doch der Flieder so mild, so stark und voll! Mir löst es weich die Glieder, will, dass ich was sagen soll. — Was gilt's, was ich dir sagen kann? Bin gar ein arm einfältig Mann! Soll mir die Arbeit nicht schmecken, gäb'st freund, lieber mich frei: thät besser, das Leder zu strecken, und liess alle Poeterei. — Er versucht wieder zu arbeiten. Lässt ab und sinnt. Und doch, 's will halt nicht geh'n. — Ich fühl's — und kann's nicht versteh'n — kann's nicht behalten, — doch auch nicht vergessen; und fass' ich es ganz, — kann ich's nicht messen! — Doch wie auch wollt' ich's fassen, was unermesslich mir schien? Kein' Regel wollte da passen, und war doch kein Fehler drin. — Es klang so alt, und war doch so neu, — wie Vogelsang im süssen Mai: — wer ihn hört, und wahnbethört sänge dem Vogel nach, dem brächt' es Spott und Schmach. — Lenzes Gebot, die süsse Noth, die legten's ihm in die Brust: nun sang er, wie er musst'! Und wie er musst', so konnt' er's; das merkt' ich ganz besonders: dem Vogel, der heut' sang, dem war der Schnabel hold gewachsen; macht' er den Meistern bang, gar wohl gefiel er doch Hans Sachs Eva ist auf die Strasse getreten, hat schüchtern spähend sich der Werkstatt genähert und steht jetzt unbemerkt an der Thür bei Sachs Eva Gut'n Abend, Meister! Noch so fleissig? Sachs ist angenehm überrascht aufgefahren Ei, Kind! Lieb' Evchen? Noch so spät? Und doch, warum so spät noch,

weiss ich: die neuen Schuh'? Eva Wie fehl er räth! Die Schuh' hab' ich noch gar nicht probiert; die sind so schön, so reich geziert, dass ich sie noch nicht an die Füss' mir getraut. Sachs Doch sollst sie morgen tragen als Braut? Eva hat sich dicht bei Sachs auf den Steinsitz gesetzt Wer wäre denn Bräutigam? Sachs Weiss ich das? Eva Wie wisst denn ihr, dass ich Braut? Sachs Ei was! Das weiss die Stadt. Eva Ja, weiss es die Stadt, Freund Sachs gute Gewähr dann hat. Ich dacht', er wüsst' mehr. Sachs Was sollt' ich wissen? Eva Ei seht doch! Werd' ich's ihm sagen müssen? Ich bin wohl recht dumm? Sachs Das sag' ich nicht. Eva Dann wär't ihr wohl klug? Sachs Das weiss ich nicht. Eva Ihr wisst nichts? Ihr sagt nichts? — Ei, Freund Sachs, jetzt merk' ich wahrlich, Pech ist kein Wachs. Ich hätt' euch für feiner gehalten. Sachs Kind! Beid', Wachs und Pech vertraut mir sind. Mit Wachs strich ich die Seidenfäden, damit ich die zieren Schuh' dir gefasst: heut' fass' ich die Schuh' mit dicht'ren Drähten, da gilt's mit Pech für den derben Gast. Eva Wer ist denn der? Wohl 'was rechts? Sachs Das mein' ich. Ein Meister stolz auf Freiers Fuss, denkt morgen zu siegen ganz alleinig: Herrn Beckmesser's Schuh' ich richten muss. Eva So nehmt nur tüchtig Pech dazu: da kleb' er drin, und lass' mir Ruh'! Sachs Er hofft dich sicher zu ersingen. Eva Wie so denn der? Sachs Ein Junggesell: 's gibt deren wenig dort zur Stell'. Eva Könnt's einem Wittwer nicht gelingen? Sachs Mein Kind, der wär' zu alt für dich. Eva Ei was, zu alt! Hier gilt's der Kunst: wer sie versteht, der werb' um mich!

Sachs Lieb' Evchen! Machst mir blauen Dunst?
Eva Nicht ich! Ihr seid's; ihr macht mir
flausen! Gesteht nur, dass ihr wandelbar;
Gott weiss, wer jetzt euch im Herzen mag

hausen. Glaubt' ich mich doch drin so manches
Jahr. Sachs Wohl, da ich dich gern in den
Armen trug? Eva Ich seh's, 's war nur, weil
ihr kinderlos. Sachs Hatt' einst ein Weib und

Kinder genug. Eva Doch starb eure Frau, so wuchs ich gross. Sachs Gar gross und schön! Eva Drum dacht' ich aus: ihr nähm't mich für Weib und Kind in's Haus. Sachs Da hätt' ich ein Kind und auch ein Weib: 's wär' gar ein lieber Zeitvertreib! Ja, ja! das hast du dir schön erdacht. Eva Ich glaub', der Meister mich gar verlacht? Am End' gar liess er sich auch gefallen, dass unter der Nas' ihm weg von Allen der Beckmesser morgen mich ersäng'? Sachs Wie sollt' ich's wehren, wenn's ihm geläng'? — Dem wüsst' allein dein Vater Rath. Eva Wo so ein Meister den Kopf nur hat! Käm' ich zu euch wohl, fänd' ich's zu Haus? Sachs Ach, ja! Hast Recht! 's ist im Kopf mir kraus: hab' heut' manch' Sorg' und Wirr' erlebt: da mag's dann sein, dass 'was drin klebt. Eva Wohl in der Singschul'? 's war heut' Gebot. Sachs Ja, Kind: eine Freiung machte mir Noth. Eva Ja, Sachs! Das hättet ihr gleich soll'n sagen; plagt' euch dann nicht mit unnützen fragen. — Nun sagt, wer war's, der Freiung begehrt? Sachs Ein Junker, Kind, gar unbelehrt. Eva Ein Junker? Mein, sagt! — und ward er gefreit? Sachs Nichts da, mein Kind! 's gab gar viel Streit. Eva So sagt! Erzählt, wie ging es zu? Macht's euch Sorg', wie liess mir es Ruh'? — So bestand er übel und hat verthan? Sachs Ohne Gnad' versang der Herr Rittersmann. Magdalene *kommt zum Haus heraus und ruft leise* Bst! Evchen! Bst! Eva Ohne Gnade? Wie? Kein Mittel gäb's, das ihm gedieh'? Sang er so schlecht, so fehlervoll, dass nichts mehr zum

Meister ihm helfen soll? Sachs Mein Kind, für den ist Alles verloren, und Meister wird der in keinem Land; denn wer als Meister ward geboren, der hat unter Meistern den schlimmsten Stand. Magdalene *über* Der Vater verlangt. Eva So sagt mir noch an, ob keinen der Meister zum Freund er gewann? Sachs Das wär' nicht übel! Freund ihm noch sein! Ihm, vor dem All' sich fühlten so klein! Den Junker Hochmuth, lasst ihn laufen, mag er durch die Welt sich raufen: was wir erlernt mit Noth und Müh', dabei lasst uns in Ruh' verschnaufen! Hier renn' er nichts uns über'n Haufen, sein Glück ihm anderswo erblüh'! Eva *erhebt sich heftig* Ja, anderswo soll's ihm erblüh'n, als bei euch garst'gen, neid'schen Mannsen; wo warm die Herzen noch erglüh'n, trotz allen tück'schen Meister Hansen!—Ja, Lene! Gleich! ich komme schon! Was trüg' ich hier für Trost davon? Da riecht's nach Pech, dass Gott erbarm'! Brennt er's lieber, da würd' er doch warm! Sie geht heftig mit Magdalene hinüber und verweilt sehr aufgeregt dort unter der Thür. Sachs *nicht bedeutungsvoll mit dem Kopfe* Das dacht' ich wohl. Nun heisst's: schaff' Rath! Er ist während des Folgenden damit beschäftigt, auch die obere Ladenthür so weit zu schliessen, dass sie nur ein wenig Licht noch durchlässt: er selbst verschwindet so fast ganz. 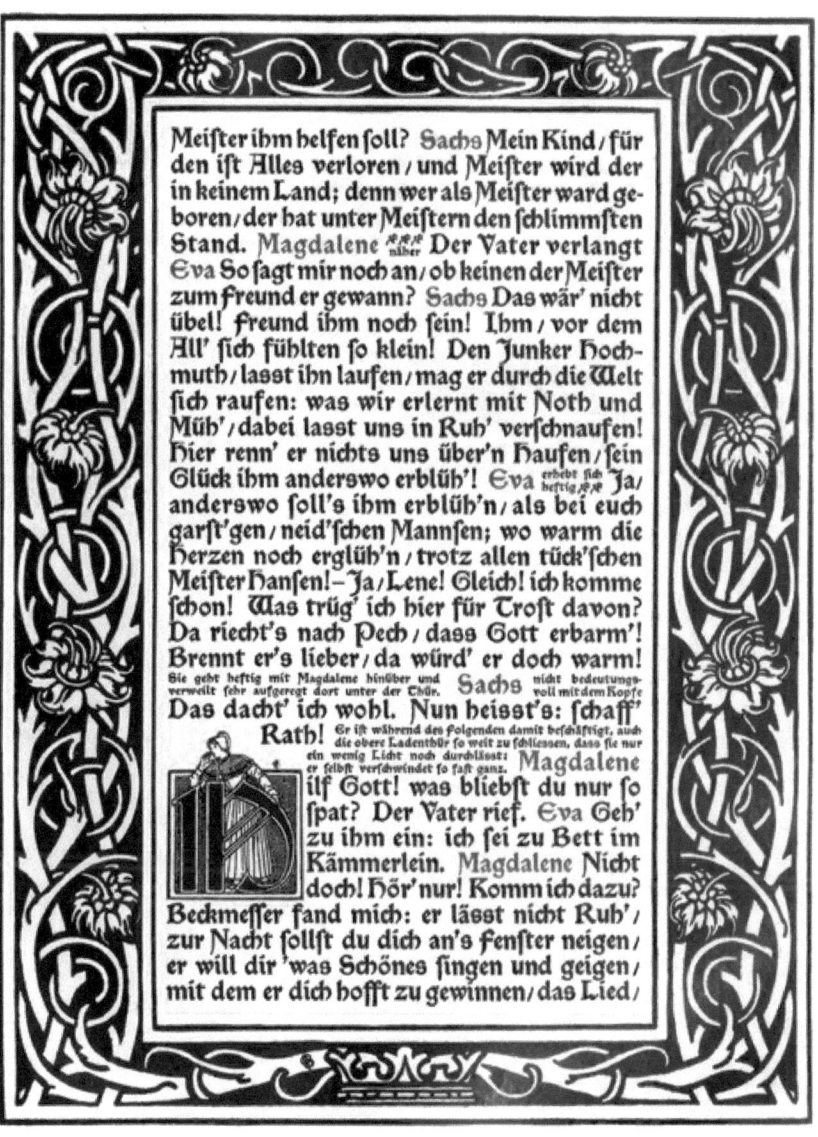 Magdalene Hilf Gott! was bliebst du nur so spat? Der Vater rief. Eva Geh' zu ihm ein: ich sei zu Bett im Kämmerlein. Magdalene Nicht doch! Hör' nur! Komm ich dazu? Beckmesser fand mich: er lässt nicht Ruh', zur Nacht sollst du dich an's Fenster neigen, er will dir 'was Schönes singen und geigen, mit dem er dich hofft zu gewinnen, das Lied ob dir das zu Gefallen gerieth. Eva Das fehlte auch noch! — Käme nur er! Magdalene Hast' David geseh'n? Eva Was soll mir der? Magdalene halb für sich Ich war zu streng; er wird sich grämen. Eva Siehst du noch nichts? Magdalene 's ist, als ob Leut' dort kämen. Eva Wär' er's? Magdalene Mach' und komm jetzt hinan! Eva Nicht eh'r, bis ich sah den theuersten Mann! Magdalene Ich täuschte mich dort: er war es nicht. — Jetzt komm, sonst merkt der Vater die G'schicht'! Eva Ach! meine Angst! Magdalene Auch lass uns berathen, wie wir des Beckmesser's uns entladen. Eva Zum fenster gehst du für mich. Magdalene Wie, ich? — Das machte wohl David eifersich? Er schläft nach der Gassen! Hihi! 's wär' fein! — Eva Dort hör' ich Schritte. Magdalene Jetzt komm', es muss sein! Eva Jetzt näher! Magdalene Du irrst! 's ist nichts, ich wett'. Ei, komm! Du musst, bis der Vater zu Bett. Man hört innen Pogner's Stimme: He! Lene! Eva! Magdalene 's ist höchste Zeit! Hörst du's? Komm'! der Ritter ist weit.

Walther ist die Gasse heraufgekommen; jetzt biegt er um Pogner's Haus herum: Eva, die bereits von Magdalenen am Arm hineingezogen worden war, reisst sich mit einem leisen Schrei los und stürzt Walther entgegen /8/8/8/8/8/8/8

Eva Da ist er! Magdalene hinein- gehend Nun haben wir's! Jetzt heisst's: gescheit. Ab Eva ausser sich Ja, ihr seid es! Nein, du bist es! Alles sag' ich, denn ich wisst es; Alles klag' ich, denn ich weiss es; ihr seid Beides, Held des Preises, und mein einz'ger freund! Walther leiden- schaftlich Ach, du irrst!

Bin nur dein Freund, doch des Preises noch
nicht würdig, nicht den Meistern ebenbürtig;
mein Begeistern fand Verachten, und ich weiss
es, darf nicht trachten nach der Freundin Hand!
Eva Wie du irrst! Der Freundin Hand, ertheilt
nur sie den Preis, wie deinen Muth ihr Herz
erfand, reicht sie nur dir das Reis. Walther
Ach nein! du irrst! Der Freundin
Hand, wär' Keinem sie erkoren, wie
sie des Vaters Wille band, mir wär'
sie doch verloren. „Ein Meistersinger muss er sein: Nur wen ihr
krönt, den darf sie frei'n!" So sprach er festlich
zu den Herrn, kann nicht zurück, möcht' er's
auch gern! Das eben gab mir Muth; wie un-
gewohnt mir Alles schien, ich sang mit Lieb'
und Gluth, dass ich den Meisterschlag ver-
dien'. Doch diese Meister! Ha, diese Meister!
Dieser Reim-Gesetze Leimen und Kleister! Mir
schwillt die Galle, das Herz mir stockt, denk'
ich der Falle, darein ich gelockt! — Fort, in die
Freiheit! Dorthin gehör' ich, da wo ich Meister
im Haus! Soll ich dich frei'n heut', dich nun
beschwör' ich, flieh', und folg' mir hinaus!
Keine Wahl ist offen, nichts steht zu hoffen!
Ueberall Meister, wie böse Geister, seh' ich sich
rotten, mich zu verspotten: mit den Gewerken,
aus den Gemerken, aus allen Ecken, auf allen
Flecken, seh' ich zu Haufen Meister nur laufen,
mit höhnendem Nicken frech auf dich blicken,
in Kreisen und Ringeln dich umzingeln, nä-
selnd und kreischend zur Braut dich heischend,

„Hört ihr Leut und laßt euch sagen"

als Meisterbuhle auf dem Singestuhle, zitternd und bebend, hoch dich erhebend: — und ich ertrüg' es, sollt' es nicht wagen, grad' aus tüchtig drein zu schlagen? *Man hört den starken Ruf eines Nachtwächterhornes.* *Walther legt mit emphatischer Gebärde die Hand an sein Schwert und starrt wild vor sich hin:* Ha!... Eva *faßt ihn bei der Hand, besänftigend* Geliebter, spare den Zorn! 's war nur des Nachtwächters Horn. — Unter der Linde birg' dich geschwinde: hier kommt der Wächter vorbei. Magdalene *an der Thür, leise* Evchen! 's ist Zeit: mach dich frei! Walther Du fliehst? Eva Muss ich denn nicht? Walther Entweichst? Eva Dem Meistergericht. *Sie verschwindet mit Magdalene im Hause.* Der Nachtwächter *ist währenddem in der Gasse erschienen, kommt singend nach vorn, biegt um die Ecke von Pogner's Haus und geht nach links zu weiter ab* „Hört, ihr Leut', und lasst euch sagen, die Glock' hat Zehn geschlagen: bewahrt das Feuer und auch das Licht, damit Niemand kein Schad' geschicht! Lobet Gott den Herrn!" *Als er hiermit abgegangen, hört man ihn abermals blasen* Sachs *welcher hinter der Ladenthür dem Gespräch gelauscht, öffnet jetzt, bei eingezogenem Lampenlicht, ein wenig mehr* Ueble Dinge, die ich da merk': eine Entführung gar im Werk! Aufgepasst! das darf nicht sein! Walther *hinter der Linde* Käm' sie nicht wieder?

O der Pein! — Doch ja! sie kommt dort! — Weh' mir, nein! Die Alte ist's! — doch aber — ja! Eva *ist in Magdalene's Kleidung wieder zurückgekommen und geht auf Walther zu*  Das thör'ge Kind: da hast du's! da! *Sie sinkt ihm an die Brust.* Walther Himmel! Ja! nun wohl ich weiss, dass ich gewann den Meisterpreis. Eva Doch nun kein Besinnen! Von hinnen! Von hinnen! O wären wir weit schon fort! Walther Hier durch die Gasse: dort finden wir vor dem Thor Knecht und Rosse vor.

Als sich Beide wenden, um in die Gasse einzubiegen, lässt Sachs, nachdem er die Lampe hinter eine Glaskugel gestellt, einem hellen Lichtschein durch die ganz wieder geöffnete Ladenthür quer über die Strasse fallen, so dass Eva und Walther sich plötzlich hell beleuchtet sehen

Eva *Walther hastig zurückziehend* O weh, der Schuster! Wenn er uns säh'! Birg' dich! komm ihm nicht in die Näh'! Walther Welch andrer Weg führt uns hinaus? Eva *nach rechts deutend* Dort durch die Strasse: doch der ist kraus, ich kenn' ihn nicht gut; auch stiessen wir dort auf den Wächter. Walther Nun denn: durch die Gasse! Eva Der Schuster muss erst vom Fenster fort. Walther Ich zwing' ihn, dass er's verlasse. Eva Zeig' dich ihm nicht: er kennt dich! Walther Der Schuster? Eva 's ist Sachs! Walther Hans Sachs? Mein Freund? Eva Glaub's nicht! Von dir zu sagen Uebles nur wusst' er. Walther Wie, Sachs? Auch er? — Ich lösch' ihm das Licht!

Beckmesser ist, dem Nachtwächter in einiger Entfernung nachschleichend, die Gasse heraufgekommen, hat nach den Fenstern von Pogner's Hause gespäht und, an Sachsen's Hause angelehnt, zwischen den beiden Fenstern einen Steinsitz sich ausgesucht, auf welchen er sich, immer nur nach dem gegenüberliegenden Fenster aufmerksam lugend, niedergelassen hat; jetzt stimmt er eine mitgebrachte Laute.

Eva *Walther zurückhaltend* Thu's nicht! — Doch horch! Walther Einer Laute Klang? Eva Ach, meine Noth! Walther Wie, wird dir bang? Der

Schuster, sieh, zog ein das Licht: — so sei's gewagt! **Eva** Weh'! Hörst du denn nicht? Ein Andrer kam, und nahm dort Stand. **Walther** Ich hör's und seh's: — ein Musikant. Was will der hier so spät des Nachts? **Eva** 's ist Beckmesser schon! **Sachs** *als der den ersten Ton der Laute vernommen, hat, von einem plötzlichen Einfall erfasst, das Licht wieder etwas eingezogen, leise auch den unteren Theil des Ladens geöffnet und seinen Werktisch ganz unter die Thür gestellt.* Jetzt hat er Eva's Ausruf vernommen Aha! ich dacht's! **Walther** Der Merker! Er? in meiner Gewalt? Drauf zu! den Lung'rer mach' ich kalt! **Eva** Um Gott! So hör'! Willst den Vater wecken? Er singt ein Lied, dann zieht er ab. Lass dort uns im Gebüsch verstecken. — Was mit den Männern ich Müh' doch hab'! *Sie zieht Walther hinter das Gebüsch auf die Bank unter der Linde.* / *Beckmesser klimpert voll Ungeduld heftig auf der Laute, ob sich das Fenster nicht öffnen wolle? Als er endlich anfangen will zu singen, beginnt Sachs, der soeben das Licht wieder hell auf die Strasse fallen liess, laut mit dem Hammer auf den Leisten zu schlagen und singt sehr kräftig dazu.* **Sachs**  erum! Jerum! Halla halla he! O ho! Trallalei! o he! Als Eva aus dem Paradies von Gott dem Herrn verstossen, gar schuf ihr Schmerz der harte Kies an ihrem fuss, dem blossen. Das jammerte den Herrn, ihr füsschen hat er gern, und seinem Engel rief er zu: „Da mach' der armen Sünd'rin Schuh'! Und da der Adam, wie ich seh', an Steinen dort sich stösst die Zeh', dass recht fortan er wandeln kann, so miss dem auch Stiefeln an!" **Walther** *leise zu Eva* Wie heisst das Lied? Wie nennt er dich? **Eva** Ich hört' es schon: 's geht nicht auf mich. Doch eine Bosheit steckt darin. **Walther** Welch Zögerniss! Die Zeit geht hin! **Beckmesser** *alsbald nach Beginn des Verses* Was soll das sein? Verdammtes Schrein! Was fällt dem groben Schuster ein? *Vortretend* Wie, Meister? Auf? So spät zur

Nacht? Sachs Herr Stadtschreiber! Was, ihr wacht? — Die Schub' machen euch grosse Sorgen? Ihr seht, ich bin dran: ihr habt sie morgen. Beckmesser Hol' der Teufel die Schub'! Ich will hier Ruh'! Sachs *weiter arbeitend* erum! Jerum! Halla halla he! O ho! Trallalei! O he! O Eva! Eva! Schlimmes Weib! Das hast du am Gewissen, dass ob der Füss' am Menschenleib jetzt Engel schustern müssen. Bliebst du im Paradies, da gab es keinen Kies. Ob deiner jungen Missethat handthier' ich jetzt mit Ahl' und Draht, und ob Herrn Adam's übler Schwäch' versohl' ich Schub' und streiche Pech. Wär' ich nicht fein ein Engel rein, Teufel möchte Schuster sein! Beckmesser Gleich höret auf! Spielt ihr mir Streich'? Bleibt ihr Tags und Nachts euch gleich? Sachs Wenn ich hier sing', was kümmert's euch? Die Schuhe sollen doch fertig werden. Beckmesser So schliesst euch ein und schweigt dazu still! Sachs Des Nachts arbeiten macht Beschwerden; Wenn ich da munter bleiben will, da brauch' ich Luft und frischen Gesang; drum hört, wie der dritte Vers gelang! Walther *unterdessen zu Eva* Uns, oder dem Merker? Wem spielt er den Streich? Eva *zu Walther* Ich fürcht', uns dreien gilt es gleich. O weh, der Pein! Mir ahnt nichts Gutes! Walther Mein süsser Engel, sei guten Muthes! Eva Mich betrübt das Lied! Walther Ich hör' es kaum! Du bist bei mir: Welch holder Traum! *Er zieht sie zärtlich an sich &c. &c.*

Walther Ich wünscht', er möchte den Anfang machen. *Sie folgen dem Vorgang & mit wachsender Theilnahme.* **Beckmesser** *der, während fährt zu arbeiten und zu singen, in sehr grosser Aufregung mit sich berathen hat* Jetzt bin ich verloren, singt der noch fort! — *Er tritt an den Laden heran &* Freund Sachs! So hört doch nur ein Wort! Wie seid ihr auf die Schuh' versessen! Ich hatt' sie wahrlich schon vergessen. Als Schuster seid ihr mir wohl werth, als Kunstfreund doch weit mehr verehrt. Eu'r Urtheil, glaubt, das halt' ich hoch; drum bitt' ich: hört das Liedlein doch, mit dem ich morgen möcht' gewinnen, ob das auch recht nach euren Sinnen. *Er klimpert, mit seinem Rücken der Gasse zugewendet, auf der Laute, um die Aufmerksamkeit der dort am Fenster sich zeigenden Magdalene zu beschäftigen und sie dadurch zurückzuhalten & & & & & & &*

Sachs O ha! Wollt mich beim Wahne fassen? Mag mich nicht wieder schelten lassen. Seit sich der Schuster dünkt Poet, gar übel es um eu'r Schuhwerk steht; ich seh', wie's schlappt und überall klappt: drum lass ich Vers' und Reim' gar billig nun daheim, Verstand und Kenntniss auch dazu, mach' euch für morgen die neuen Schuh'. **Beckmesser** *wie vorher klimpernd* Lasst das doch sein! Das war ja nur Scherz. Vernehmt besser, wie's mir um's Herz! Vom Volk seid ihr geehrt, auch der Pognerin seid ihr werth: will ich vor aller Welt nun morgen um die werben, sagt, könnt's mich nicht verderben, wenn mein Lied euch nicht gefällt? Drum hört mich ruhig an; und sang ich, sagt mir dann, was euch gefällt, was nicht, dass ich mich danach richt'. *Er klimpert wieder.* **Sachs** Ei lasst mich doch in Ruh'! Wie käm' solche Ehr' mir zu? Nur Gassenhauer dicht' ich zum meisten: drum sing' ich zur Gassen und hau' auf den Leisten. *fort- & & arbeitend*

Jerum! Jerum! Halla halla hei! Beckmesser Verfluchter Kerl! — Den Verstand verlier' ich, mit seinem Lied von Pech und Schmierich! — Schweigt doch! Weckt ihr die Nachbarn auf? Sachs Die sind's gewohnt: 's hört Keiner drauf. — „O Eva! Eva! schlimmes Weib!" — Beckmesser *wüthend* O ihr boshafter Geselle! Ihr spielt mir heut' den letzten Streich! Schweigt ihr nicht auf der Stelle, so denkt ihr dran, das schwör' ich euch. Neidisch seid ihr, nichts weiter, dünkt ihr euch gleich gescheiter: dass Andre auch 'was sind, ärgert euch schändlich! Glaubt, ich kenne euch aus- und inwendlich! Dass man euch noch nicht zum Merker gewählt, das ist's, was den gallichten Schuster quält. Nun gut! So lang' als Beckmesser lebt, und ihm noch ein Reim an den Lippen klebt, so lang' ich noch bei den Meistern was gelt', ob Nürnberg „blüh' oder wachs'", das schwör' ich Herrn Hans Sachs: nie wird er je zum Merker bestellt! *Er klimpert, &c. wieder heftig.* Sachs *der ihm ruhig und aufmerksam zugehört* War das eu'r Lied? Beckmesser Der Teufel hol's! Sachs Zwar wenig Regel: doch klang's recht stolz! Beckmesser Wollt ihr mich hören? Sachs In Gottes Namen, singt zu: ich schlag' auf die Sohl' die Rahmen. Beckmesser Doch schweigt ihr still? Sachs Ei, singet ihr, die Arbeit, schaut, fördert's auch mir. *Er schlägt fort auf den Leisten.* Beckmesser Das verfluchte Klopfen wollt ihr doch lassen? Sachs Wie sollt' ich die Sohl' euch richtig fassen? Beckmesser Was? Wollt ihr klopfen, und ich soll singen? Sachs Euch muss

das Lied, mir der Schuh gelingen. *Er klopft,* *immer fort.*
Beckmesser Ich mag keine Schuh'! Sachs Das
sagt ihr jetzt; in der Singschul' ihr mir's dann
wieder versetzt. — Doch hört! Vielleicht sich's
richten lässt: zwei-einig geht der Mensch zu
best. Darf ich die Arbeit nicht entfernen, die
Kunst des Merkers möcht' ich doch lernen:
darin nun kommt euch Keiner gleich; ich lern'
sie nie, wenn nicht von euch. Drum singt ihr
nun, ich acht' und merk', und fördr' auch wohl
dabei mein Werk. Beckmesser Merkt immer
zu; und was nicht gewann, nehmt eure Kreide,
und streicht's mir an. Sachs Nein, Herr! da
fleckten die Schuh' mir nicht: mit dem Hammer
auf den Leisten halt' ich Gericht. Beckmesser
Verdammte Bosheit! —
Gott, und 's wird spät: am
End' mir die Jungfer vom
fenster geht! *Er klimpert wie um anzufangen*
Sachs *auf- schlagend* fanget an! 's
pressirt! Sonst sing' ich für
mich! Beckmesser Haltet
ein! nur das nicht! —
Teufel! wie ärgerlich! —
Wollt ihr euch denn als Merker erdreisten,
nun gut, so merkt mit dem Hammer auf den
Leisten: — nur mit dem Beding, nach den
Regeln scharf; aber nichts, was nach den Regeln
ich darf. Sachs Nach den Regeln, wie sie der
Schuster kennt, dem die Arbeit unter den
Händen brennt. Beckmesser Auf Meister-Ehr'!
Sachs Und Schuster-Muth! Beckmesser Nicht

einen Fehler: glatt und gut! Sachs Dann gingt ihr morgen unbeschuht. — Setzt euch denn hier! Beckmesser *an die Ecke des Hauses sich stellend* Lasst hier mich stehen! Sachs Warum so fern? Beckmesser Euch nicht zu sehen, wie's Brauch in der Schul' vor dem Gemerk. Sachs Da hör' ich euch schlecht. Beckmesser Der Stimme Stärk' ich so gar lieblich dämpfen kann. Sachs Wie fein! — Nun gut denn! — Fanget an! *Kurzes Vorspiel Beckmesser's auf der Laute, wozu Magdalene sich breit in das Fenster legt.* Walther *zu Eva* Welch' toller Spuk! Mich dünkt's ein Traum: den Singstuhl, scheint's, verliess ich kaum! Eva Die Schläf' umwebt's mir, wie ein Wahn: ob's Heil, ob Unheil, was ich ahn'? *Sie sinkt wie betäubt an Walther's Brust; so verbleiben sie.* Beckmesser *zur Laute* „Den Tag seh' ich erscheinen, der mir wohl gefall'n thut..." *Sachs schlägt auf. Beckmesser zuckt, fährt aber fort* „Da fasst mein Herz sich einen guten und frischen Muth." *Sachs hat zweimal aufgeschlagen. Beckmesser wendet sich leise, doch wüthend um* Treibt ihr hier Scherz? Was wär' nicht gelungen? Sachs Besser gesungen: „Da fasst mein Herz sich einen guten und frischen Muth." Beckmesser Wie sollt' sich das reimen auf „seh' ich erscheinen"? Sachs Ist euch an der Weise nichts gelegen? Mich dünkt, sollt' passen Ton und Wort. Beckmesser Mit euch hier zu streiten? — Lasst von den Schlägen, sonst denkt ihr mir dran! Sachs Jetzt fahret fort! Beckmesser Bin ganz verwirrt! Sachs So fangt noch 'mal an: drei Schläg' ich jetzt pausiren kann. Beckmesser *für sich* Am besten, wenn ich ihn gar nicht beacht': — wenn's nur die Jungfer nicht irre macht! *Er räuspert sich und beginnt wieder* „Den Tag seh ich erscheinen, der mir wohl gefall'n thut: da fasst mein Herz sich einen guten und frischen Muth. Da denk' ich nicht an Sterben, lieber an Werben um jung

Mägdeleins Hand. Warum wohl aller Tage schönster mag dieser sein? Allen hier ich es sage: weil ein schönes Fräulein von ihrem lieb'n Herrn Vater, wie gelobt hat er, ist bestimmt zum Eh'stand. Wer sich getrau', der komm' und schau' da steh'n die hold lieblich Jungfrau, auf die ich all' mein' Hoffnung bau': darum ist der Tag so schön blau, als ich anfänglich fand."

<small>Von der sechsten Zeile an hat Sachs wieder aufgeschlagen, wiederholt, und meist mehrere Mal schnell hintereinander; Beckmesser, der jedesmal schmerzlich zusammenzuckt, war genöthigt, bei Bekämpfung der inneren Wuth, oft den Ton, den er immer zärtlich zu halten sich bemüht, kurz und heftig auszustossen, was das Komische seines gänzlich profodielosen Vortrages sehr vermehrte. — Jetzt bricht er wüthend um die Ecke auf Sachs los ♪♪♪♪♪♪♪♪♪♪♪♪♪♪</small>

Beckmesser Sachs! — Seht! — Ihr bringt mich um! Wollt ihr jetzt schweigen? Sachs Ich bin ja stumm! Die Zeichen merkt' ich: wir sprechen dann; derweil' lassen die Sohlen sich an. Beckmesser <small>nach dem Fenster lugend und schnell wieder klimpernd ♪♪</small> Sie entweicht? Bst, Bst! — Herr Gott, ich muss. <small>Um die Ecke herum die Faust gegen Sachs ballend ♪♪</small> Sachs! Euch gedenk' ich die Hergernuss! Sachs <small>mit dem Hammer nach dem Leisten ausholend</small> Merker am Ort! — Fahret fort! Beckmesser "Will heut' mir das Herz hüpfen, werben um Fräulein jung, doch thät der Vater knüpfen daran ein' Bedingung für den, wer ihn beerben will, und auch werben um sein Kindelein fein. Der Zunft ein biedrer Meister wohl sein' Tochter er liebt, doch zugleich auch beweist er, was er auf die Kunst giebt: zum Preise muss es bringen im Meistersingen, wer sein Eidam will sein. Nun gilt es

Kunst, dass mit Vergunst ohn' all' schädlich
gemeinen Dunst, ihm glücke des Preises Ge-
wunst, wer begehrt mit wahrer Inbrunst um
die Jungfrau zu frei'n." ❧❧❧❧❧
*Beckmesser, nur den Blick auf das Fenster heftend, hat mit wachsender Angst Magda-
lene's missbehagliche Gebärden bemerkt; um Sachs' fortgesetzte Schläge zu übertäuben, hat er immer stärker und athemloser gesungen. — Er ist im Begriffe,
sofort weiter zu singen, als Sachs, der zuletzt die Kelle aus den Leisten schlug und
die Schuhe abgezogen hat, sich vom Schemel erhebt und über den Laden heraus lehnt.*
Sachs Seid ihr nun fertig? **Beckmesser** *in höchster Angst*
Wie fraget ihr? **Sachs** *die Schuhe triumphirend aus dem Laden heraushaltend* Mit den
Schuhen ward ich fertig schier! — Das heiss'
ich mir rechte Merkerschuh': — mein Merker-
sprüchlein hört dazu! *Zugleich mit Beckmesser, den Nachbarn und David* Mit lang'
und kurzen Hieben steht's auf der Sohl'
geschrieben: da les't es klar und nehmt es
wahr, und merkt's euch immerdar: Gut Lied
will Takt, wer den verzwackt, dem Schreiber
mit der Feder haut ihn der Schuster auf's
Leder. — Nun lauft in Ruh', habt gute Schuh';
der Fuss euch drin nicht knackt; ihn hält
die Sohl' im Takt! *Er lacht laut* **Beckmesser** *der sich ganz in die Gasse
zurückgezogen hat und an die Mauer zwischen die beiden
Fenster von Sachsen's Hause anlehnt, singt, um Sachs zu
übertäuben, mit letzterem zugleich, unter grösster An-
strengung, schreiend und athemlos hastig, seinen dritten Vers*
arf ich Meister mich nennen, das
bewähr' ich heut' gern, weil nach
dem Preis ich brennen muss,
dursten und hungern. Nun ruf'
ich die neun Musen, dass an sie
blusen mein dicht'rischen Verstand. Wohl
kenn' ich alle Regeln, halte gut Mass und Zahl;
doch Sprung und Ueberkegeln wohl passirt
je einmal, wann der Kopf ganz voll Zagen,
zu frei'n will wagen um ein' jung Mägdleins
Hand. Ein Junggesell, trug ich mein Fell, mein
Ehr', Amt, Würd' und Brod zur Stell', dass
euch mein Gesang wohl gefäll', und mich das

Jungfräulein erwähl', wenn sie mein Lied gut fand." Nachbarn *erst einige, dann mehrere, öffnen während des Gesanges in der Gasse die Fenster und gucken heraus* Wer heult denn da? Wer kreischt mit Macht? Ist das erlaubt so spät zur Nacht? — Gebt Ruhe hier! 's ist Schlafenszeit! — Nein, hört nur, wie der Esel schreit! — Ihr da! Seid still, und scheert euch fort! Heult, kreischt und schreit an and'rem Ort! David *hat ebenfalls den Fensterladen, dicht bei Beckmesser, ein wenig geöffnet und lugt hervor*, Wer Teufel hier? — Und drüben gar? Die Lene ist's, — ich seh' es klar! Herr je! das war's, den hat sie bestellt; der ist's, der ihr besser als ich gefällt! — Nun warte! du kriegst's! dir streich' ich das Fell! Zum Teufel mit dir, verdammter Gesell'! ✳✳✳✳✳✳✳✳ *David ist, mit einem Knüppel bewaffnet, hinter dem Laden aus dem Fenster hervorgesprungen, zerschlägt Beckmesser's Laute und wirft sich über ihn selbst her.* Magdalene *die zuletzt, um den Merker zu entfernen, mit übertrieben beifälligen Bewegungen herabgewinkt hat, schreit jetzt laut auf*

Ach Himmel! David! Gott, welche Noth! Zu Hülfe! zu Hülfe! Sie schlagen sich todt! Beckmesser *mit David balgend*, Verfluchter Kerl! Lässt du mich los? David Gewiss! Die Glieder brech' ich dir blos! *Sie balgen und prügeln sich in einem fort*. Nachbarn *an dem Fenstern* Seht nach! Springt zu! Da würgen sich zwei! Andere Nachbarn *auf die Gasse heraustretend* Heda! Herbei! 's giebt Prügelei! Ihr da! auseinander! Gebt freien Lauf! Lasst ihr nicht los, wir schlagen drauf! Ein Nachbar Ei seht! Auch ihr da? Geht's euch 'was an? Ein Zweiter Was sucht ihr hier? Hat man euch 'was gethan? Erster Nachbar Euch kennt man gut! Zweiter Nachbar Euch noch viel besser! Erster Nachbar Wie so denn? Zweiter Nachbar *zuschlagend* Ei, so! Magdalene *hinabschreiend* David! Beckmesser! Lehrbuben *kommen dazu* Herbei! Herbei! 's giebt

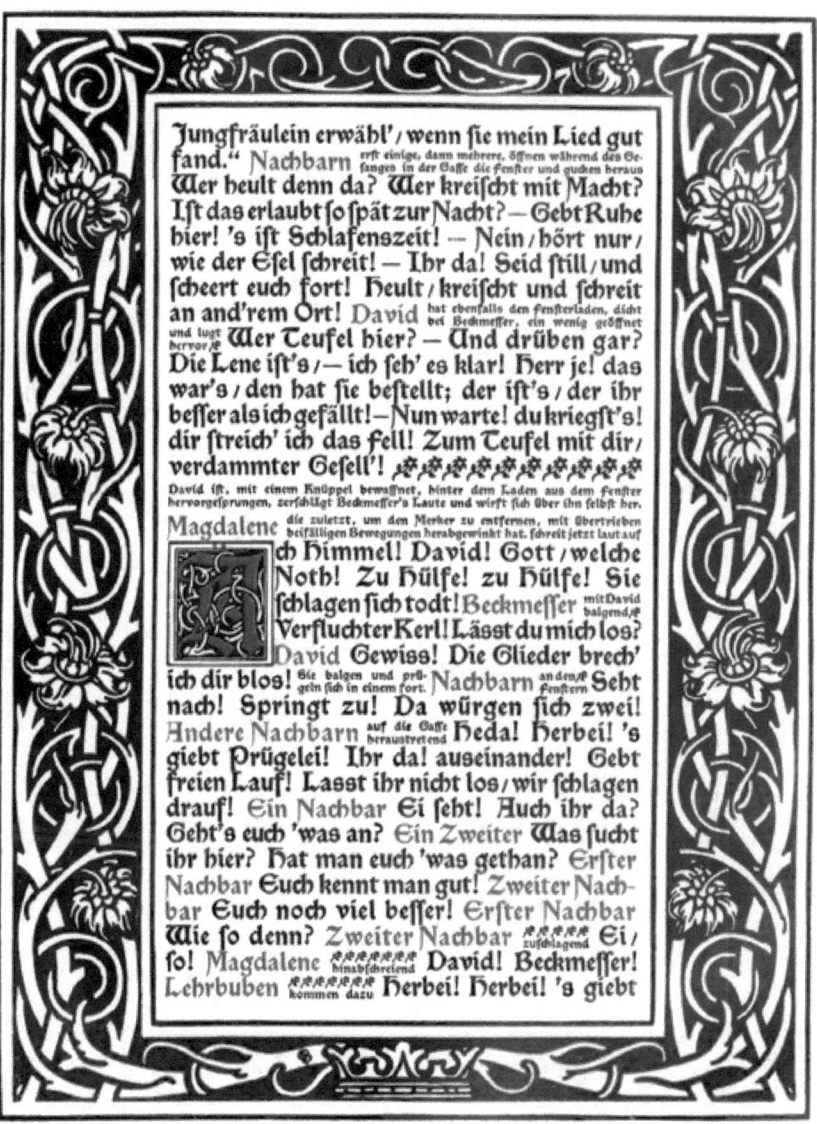

Keilerei! Einige 's find die Schufter! Andere
Nein, 's find die Schneider! Die Erfteren Die
Trunkenbolde! Die Anderen Die Hungerleider!
ie Nachbarn auf der Gaſſe durcheinander Euch gönnt'
ich's ſchon lange! — Wird euch wohl
bange? Das für die Klage! — Seht
euch vor, wenn ich ſchlage! Zugleich mit den
Lehrbuben, Geſellen, Meiſtern, Nachbarinnen,
Magdalene, Pogner und Walther ꝛc ꝛc ꝛc ꝛc Hat euch
die Frau gehetzt? — Schau', wie es Prügel
ſetzt! — Seid ihr noch nicht gewitzt? — So
ſchlagt doch! — Das ſitzt! — Daß dich, Hal-
lunke!—Hie Färbertunke!—Wartet, ihr Racker!
Ihr Maaſsabzwacker! — Efel! — Dummrian! —
Du Grobian! — Lümmel du! — Drauf und
zu! Lehrbuben durcheinander, zugleich mit den Nachbarn ꝛc Kennt man die
Schloffer nicht? Die haben's ſicher angericht'!—
Ich glaub', die Schmiede werden's ſein. —
Die Schreiner ſeh' ich dort beim Schein. —
Hei! Schau' die Schäffler dort beim Tanz! —
Dort ſeh' die Bader ich im Glanz. — Krämer
finden ſich zur Hand mit Gerſtenſtang' und
Zuckerkand; mit Pfeffer, Zimmt, Muscaten-
nuss, ſie riechen ſchön, ſie riechen ſchön, doch
haben viel Verdruſs, und bleiben gern vom
Schuſs. — Seht nur, der Haſe hat üb'rall die
Naſe!—Meinſt du damit etwa mich?—Mein' ich
damit etwa dich? Da haſt's auf die Schnauze!—
Herr, jetzt ſetzt's Plauze! — Hei! Krach!
Hagelwetterſchlag! Wo das ſitzt, da wächſt
nichts nach! Keilt euch wacker, haut die
Racker! Haltet ſelbſt Geſellen Stand; wer da
wich', 's wär' wahrlich Schand'! Drauf und
dran! Wie ein Mann ſteh'n wir alle zur Keilerei!
Bereits prügeln ſich Nachbarn und
Lehrbuben allgemein durcheinander. Geſellen von allen Seiten dazu kommend Heda!
Geſellen 'ran! Dort wird mit Streit und Zank

gethan. Da giebt's gewiss gleich Schlägerei;
Gesellen, haltet euch dabei! 's sind die Weber
und Gerber! — Dacht' ich's doch gleich! — Die
Preisverderber! Spielen immer Streich'! —
Dort den Metzger Klaus, den kennt man
heraus! Zünfte! Zünfte! Zünfte heraus! —
Schneider mit dem Bügel! Hei! hie setzt's
Prügel! Gürtler! — Zinngiesser! — Leim-
sieder! — Lichtgiesser! — Tuchscherer her!
Leinweber her! Hieher! Hieher! Immer mehr!
Immer mehr! Nur tüchtig drauf! Wir schlagen
los: jetzt wird die Keilerei erst gross! — Lauft
heim, sonst kriegt ihr's von der Frau; hier giebt's
nur Prügel-färbeblau! Immer 'ran! Mann
für Mann! Schlagt sie nieder! Zünfte! Zünfte!
Heraus! — Die Meister und älteren Bürger von verschie-
denen Seiten dazu kommend. Was
giebt's denn da für Zank und Streit? Das tos't
ja weit und breit! Gebt Ruh' und scheer' sich
jeder heim, sonst schlag' ein Hageldonnerwetter
drein! Stemmt euch hier nicht mehr zu Hauf,
oder sonst wir schlagen drauf. — Die Nach-
barinnen an den Fenstern, durcheinander. Was ist denn da für Streit
und Zank? 's wird einem wahrlich angst und
bang! Da ist mein Mann gewiss dabei: gewiss
kommt's noch zur Schlägerei! Heda! Ihr dort
unten, so seid doch nur gescheit! Seid ihr zu
Streit und Raufen gleich Alle so bereit? Was
für ein Zanken und Toben! Da werden schon
Arme erhoben! Hört doch! Hört doch! Seid
ihr denn toll? Sind euch die Köpfe vom Weine
noch voll? Zu Hülfe! Zu Hülfe! Da schlägt
sich mein Mann. Der Vater! Der Vater! Sieht
man das an? Christian! Peter! Niklaus! Hans!

Auf! schreit Zeter! — **Hörst** du nicht, Franz? **Gott!** wie sie walken! 's wackeln die Zöpfe! **Wasser** her! **Wasser** her! **Giesst's** ihn' auf die **Köpfe!** *Die Rauferei ist allgemein geworden. Schreien und Toben.* **Magdalene** *am Fenster verzweiflungsvoll die Hände ringend, sie* **Ach Himmel! Meine Noth ist gross!** — **David! So hör' mich doch nur an! So lass' doch nur den Herren los! Pogner** *ist im Nachtgewand oben an das Fenster getreten und zieht Magdalenen herein* **Um Gott! Eva! schliess' zu! — Ich seh', ob im Haus unten Ruh'!** ✻✻✻✻✻

Das Fenster wird geschlossen; bald darauf erscheint Pogner an der Haustür. Sachs hat, als der Tumult begann, sein Licht gelöscht und den Laden so weit geschlossen, dass er durch eine kleine Oeffnung stets den Platz unter der Linde beobachten konnte. Walther und Eva haben mit wachsender Sorge dem anschwellenden Tumulte zugesehen. Jetzt fasst Walther Eva dicht in den Arm.

Walther Jetzt gilt's zu wagen, sich durchzuschlagen! *Mit geschwungenem Schwerte dringt er bis in die Mitte der Bühne vor. — Da springt Sachs mit einem Satz aus dem Laden auf die Strasse und packt Walther beim Arm* ✻✻✻✻✻✻✻✻

Pogner *auf der Treppe* **He! Lene! Wo bist du? Sachs** *die halbohnmächtige Eva auf die Treppe stossend* **In's Haus, Jungfer Lene!** ✻✻✻✻✻

Pogner empfängt sie und zieht sie beim Arme herein. Sachs, mit dem geschwungenen Knieriemen, mit dem er sich bereits bis zu Walther Platz gemacht hatte, jetzt dem David eins überhauend und ihn mit einem Fusstritt voran in den Laden stossend, fasst Walther, den er mit der andern Hand gefasst hält, gewaltsam schnell mit sich ebenfalls hinein und schliesst sogleich fest hinter sich zu. Beckmesser, durch Sachs von David befreit, sucht sich eilig durch die Menge zu flüchten. Im gleichen Augenblicke, wo Sachs auf die Strasse sprang, hörte man, rechts zur Seite im Vordergrunde, einen besonders starken Hornruf des Nachtwächters. Lehrbuben, Bürger und Gesellen suchten in eiliger Flucht sich nach allen Seiten zu entfernen, sodass die Bühne sehr schnell gänzlich geleert ist, alle Haustüren hastig geschlossen, und auch die Nachbarinnen von den Fenstern, welche sie zugeschlagen, verschwunden sind. — Der Vollmond tritt hervor und scheint hell in die Gasse hinein. Der Nachtwächter betritt im Vordergrunde rechts die Bühne, reibt sich die Augen, sieht sich verwundert um, schüttelt den Kopf und stimmt, mit etwas bebender Stimme, seinen Ruf an.

Der Nachtwächter Hört, ihr Leut', und lasst euch sagen: die Glock' hat Eilfe geschlagen. Bewahrt euch vor Gespenstern und Spuck, dass kein böser Geist eur' Seel' beruck'! Lobet Gott den Herrn! ✻✻✻✻✻

Er geht währenddem langsam die Gasse hinab. Als der Vorhang fällt, hört man den Hornruf des Nachtwächters wiederholen ✻✻✻✻✻✻

Dritter Aufzug.

In Sachsens Werkstatt. Kurzer Raum. Im Hintergrund die halb geöffnete Ladenthür, nach
der Strasse führend. Rechts zur Seite eine Kammerthür. Links das nach der Gasse gehende
Fenster, mit Blumenstöcken davor, zur Seite ein Werktisch. Sachs sitzt auf einem grossen
Lehnstuhle an diesem Fenster, durch welches die Morgensonne hell auf ihn hereinscheint:
er hat vor sich auf dem Schoosse einen grossen Folianten und ist im Lesen vertieft. —
David lugt spähend von der Strasse zur Ladenthür herein; da er sieht, dass
Sachs seiner nicht achtet, tritt er herein, mit einem Korbe im Arm, den er
zuvörderst schnell und verstohlen unter den andern Werktisch beim
Laden stellt; — dann von neuem versichert, dass Sachs ihn nicht
bemerkt, nimmt er den Korb vorsichtig herauf und unter-
sucht den Inhalt: er hebt Blumen und Bänder heraus;
endlich findet er auf dem Grunde eine Wurst und
einen Kuchen, und lässt sich sogleich an, diese zu
verzehren, als Sachs, der ihn fortwährend
nicht beachtet, mit starkem Geräusch
eines der grossen Blätter des auf-
geschlagenen Folianten umwendet.

Gleich! Meister! Hier!—Die Schuh' David *fährt zusammen, verbirgt das Essen und wendet sich* sind abgegeben in Herrn Beckmesser's Quartier. — Mir war's, ihr rief't mich eben? *Beisei Seite* Er thut, als säh' er mich nicht? Da ist er bös', wenn er nicht spricht! — *Sich demüthig sehr allmählich nähernd* Ach, Meister! wollt ihr mir verzeih'n! Kann ein Lehrbub' vollkommen sein? Kenntet ihr die Lene, wie ich, dann vergäb't ihr mir sicherlich. Sie ist so gut, so sanft für mich, und blickt mich oft an, so innerlich: wenn ihr mich schlagt, streichelt sie mich, und lächelt dabei holdseliglich, muss ich cariren, füttert sie mich, und ist in Allem gar lieblich. Nur gestern, weil der Junker versungen, hab' ich den Korb ihr nicht abgerungen: das schmerzte mich; und da ich fand, dass Nachts Einer vor dem Fenster stand, und sang zu ihr, und schrie wie toll, da hieb ich dem den Buckel voll. Wie käm' nun da 'was Gross' drauf an? Auch hat's unsrer Lieb' gar gut gethan: die Lene hat eben mir Alles erklärt, und zum Fest Blumen und Bänder beschert. *Er bricht in immer grössere Angst aus* Ach, Meister! sprecht doch nur ein Wort! *Beisei Seite* Hätt' ich nur die Wurst und den

Kuchen fort! — Sachs *der unbeirrt weiter gelesen, schlägt jetzt den Folianten zu. Von dem starken Geräusch erschrickt David so, dass er strauchelt und unwillkürlich vor Sachs auf die Knie fällt. Sachs sieht über das Buch, das er auf dem Schoosse behält, und über David hin und heftet seinen Blick unwillkürlich auf dem hinteren Werktisch* Blumen und Bänder seh' ich dort: — schaut hold und jugendlich aus! Wie kamen die mir ins Haus? David *verwundert über Sachs' Freundlichkeit* Ei, Meister! 's ist heut' doch festlicher Tag; da putzt sich jeder, so schön er mag. Sachs Wär' Hochzeitsfest? David Ja, käm's so weit, dass David erst die Lene freit! Sachs 's war Polterabend, dünkt mich doch? David *für sich* Polterabend? — Da krieg' ich's wohl noch? — *Laut* Verzeiht das, Meister! Ich bitt', vergesst! Wir feiern ja heut' Johannisfest. Sachs Johannisfest? David *bei Seite* Hört er heut' schwer? Sachs Kannst du dein Sprüchlein? Sag' es her! David Mein Sprüchlein? Denk', ich kann es gut. *bei Seite* 's setzt nichts! der Meister ist wohlgemuth! — *Laut* „Am Jordan Sankt Johannes stand" — *Er hat in der Zerstreuung die Worte mit der Melodie von Beckmesser's Werbelied aus dem vorhergehenden Aufzuge gesungen; Sachs macht eine verwundernde Bewegung, worauf David sich unterbricht* Verzeiht, Meister; ich kam in's Gewirr: der Polterabend machte mich irr. *Er fährt nun in der richtigen Melodie fort* „Am Jordan Sankt Johannes stand, all Volk der Welt zu taufen: kam auch ein Weib aus fernem Land von Nürnberg gar gelaufen; sein Söhnlein trug's zum Uferrand, empfing da Tauf und Namen; doch als sie dann sich heimgewandt, nach Nürnberg wieder kamen, im deutschen Land gar bald sich fand's, dass, wer am Ufer des Jordans Johannes ward genannt, an der Pegnitz hiess der Hans." *Feurig*

Herr Meister! 's ist heut' eu'r Namenstag!
Nein, wie man so 'was vergessen mag! – Hier!
hier, die Blumen sind für euch, die Bänder, –
und was nur Alles noch gleich? Ja hier! schaut,
Meister! Herrlicher Kuchen! Möchtet ihr nicht
auch die Wurst versuchen? Sachs *immer ruhig, ohne seine Stellung zu verändern*
Schön Dank, mein Jung'! behalt's für dich!
Doch heut' auf die Wiese begleitest du mich:
mit den Bändern und Blumen putz' dich fein;
sollst mein stattlicher Herold sein. David Sollt'
ich nicht lieber Brautführer sein? – Meister!
lieb' Meister! ihr müsst wieder frei'n! Sachs
Hätt'st wohl gern eine Meist'rin im Haus?
David Ich mein', es säh' doch viel stattlicher
aus. Sachs Wer weiss! Kommt Zeit, kommt
Rath. David 's ist Zeit! Sachs Da wär' der
Rath wohl auch nicht weit? David Gewiss!
geh'n Reden schon hin und wieder. Den Beckmesser, denk' ich, säng't ihr doch nieder? Ich
mein', dass der heut' sich nicht wichtig macht.
Sachs Wohl möglich! Hab's mir auch schon
bedacht. – Jetzt geh'; doch stör' mir den Junker
nicht! Komm wieder, wenn du schön gericht'.
David *küsst ihm gerührt die Hand, packt Alles zusammen und geht in die Kammer* So war er noch
nie, wenn sonst auch gut! Kann mir gar nicht
mehr denken, wie der Knieriemen thut!
Sachs *immer noch dem Folianten auf dem Schoosse, lehnt sich, mit unter-
gestütztem Arme, sinnend darauf und beginnt nach einigem Schweigen*
Wahn, Wahn! Ueberall Wahn!
Wohin ich forschend blick' in
Stadt- und Welt-Chronik,
den Grund mir aufzufinden,
warum gar bis auf's Blut die
Leut' sich quälen und schinden in unnütz toller
Wuth! Hat Keiner Lohn noch Dank davon:

in flucht geschlagen meint er zu jagen. Hört
nicht sein eigen Schmerz-Gekreisch, wenn er
sich wühlt in's eigne Fleisch, wähnt Lust sich
zu erzeigen. Wer giebt den Namen an? 's bleibt
halt der alte Wahn, ohn' den nichts mag geschehen, 's mag gehen oder stehen! Steht's wo
im Lauf, er schläft nur neue Kraft sich an;
gleich wacht er auf, dann schaut wer ihn be-
meistern kann! — Wie friedsam treuer Sitten,
getrost in That und Werk, liegt nicht in

Deutschlands Mitten mein liebes Nürenberg!
Doch eines Abends spat, ein Unglück zu ver-
hüten bei jugendheissen Gemüthen, ein Mann
weiss sich nicht Rath; ein Schuster in seinem
Laden zieht an des Wahnes Faden: wie bald
auf Gassen und Strassen fängt der da an zu
rasen; Mann, Weib, Gesell und Kind, fällt sich
an wie toll und blind; und will's der Wahn ge-
seg'nen, nun muss es Prügel regnen, mit Hieben, Stoss' und Dreschen den Wuthesbrand

zu löschen. — Gott weiss, wie das geschah? —
Ein Kobold half wohl da! Ein Glühwurm
fand fein Weibchen nicht; der hat den Schaden
angericht'. — Der Flieder war's: — Johannis-
nacht. — Nun aber kam Johannis-Tag: — jetzt
schau'n wir, wie Hans Sachs es macht, dass
er den Wahn fein lenken mag, ein edler Werk
zu thun; denn lässt er uns nicht ruh'n, selbst
hier in Nürenberg, so sei's um solche Werk',
die selten vor gemeinen Dingen, und nie ohn'
ein'gen Wahn gelingen. —

<small>Walther tritt unter der Kammerthür ein. Er bleibt einen Augenblick dort stehen
und blickt auf Sachs. Dieser wendet sich und lässt den Folianten zu Boden gleiten.</small>

Sachs Grüss Gott, mein Junker!
Ruhtet ihr noch? Ihr wachtet
lang': nun schlieft ihr doch?
Walther <small>sehr ruhig</small> Ein wenig, aber fest
und gut. Sachs So ist euch nun
wohl bass zu Muth? Walther Ich hatt' einen
wunderschönen Traum. Sachs Das deutet
gut's! Erzählt mir den. Walther Ihn selbst
zu denken wag' ich kaum; ich fürcht' ihn mir
vergeh'n zu seh'n. Sachs Mein Freund, das
grad' ist Dichters Werk, dass er sein Träumen
deut' und merk'. Glaubt mir, des Menschen
wahrster Wahn wird ihm im Traume auf-
gethan: all' Dichtkunst und Poeterei ist nichts
als Wahrtraum-Deuterei. Was gilt's, es gab
der Traum euch ein, wie heut' ihr sollet Sieger
sein? Walther Nein! von der Zunft und ihren
Meistern wollt' sich mein Traumbild nicht
begeistern. Sachs Doch lehrt' es wohl den
Zauberspruch, mit dem ihr sie gewännet?
Walther Wie wähnt ihr doch, nach solchem

Bruch, wenn ihr noch Hoffnung kennet! Sachs Die Hoffnung lass' ich mir nicht mindern, nichts stiess sie noch über'n Haufen: wär's nicht, glaubt, statt eure Flucht zu hindern, wär' ich selbst mit euch fortgelaufen! Drum bitt' ich, lasst den Groll jetzt ruh'n; ihr habt's mit Ehrenmännern zu thun; die irren sich und sind bequem, dass man auf ihre Weise sie nähm'. Wer Preise erkennt und Preise stellt, der will am End' auch, dass man ihm gefällt. Eu'r Lied, das hat ihnen bang' gemacht; und das mit Recht: denn wohl bedacht, mit solchem Dicht- und Liebesfeuer verführt man wohl Töchter zum Abenteuer; doch für liebseligen Ehestand man andre Wort' und Weisen fand. Walther lächelnd Die kenn' ich nun auch, seit dieser Nacht: es hat viel Lärm auf der Gasse gemacht. Sachs lachend Ja, ja! Schon gut! Den Takt dazu, den hörtet ihr auch! — Doch, lasst dem Ruh'; und folgt meinem Rathe, kurz und gut, fasst zu einem Meisterliede Muth. Walther Ein schönes Lied, ein Meisterlied: wie fass' ich da den Unterschied? Sachs Mein Freund! in holder Jugendzeit, wenn uns von mächt'gen Trieben zum sel'gen ersten Lieben die Brust sich schwellet hoch und weit, ein schönes Lied zu singen mocht' vielen da gelingen: der Lenz, der sang für sie. Kam Sommer, Herbst und Winterszeit, viel Noth und Sorg' im Leben, manch' eh'lich Glück daneben, Kindtauf', Geschäfte, Zwist und Streit: denen 's dann noch will gelingen, ein schönes Lied zu singen, seht, Meister nennt man die. — Walther Ich lieb' ein

Weib und will es frei'n, mein dauernd Eh'-
gemahl zu sein. Sachs Die Meisterregeln lernt
bei Zeiten, dass sie getreulich euch geleiten,
und helfen wohl bewahren, was in der Jugend
Jahren in holdem Triebe Lenz und Liebe euch
unbewusst in's Herz gelegt, dass ihr das un-
verloren hegt. Walther Steh'n sie nun in so
hohem Ruf, wer ist es, der die Regeln schuf?
Sachs Das waren hoch-bedürft'ge Meister, von
Lebensmüh' bedrängte Geister; in ihrer Nöthen
Wildniss sie schufen sich ein Bildniss, das
ihnen bliebe der Jugendliebe ein Angedenken
klar und fest, dran sich der Lenz erkennen lässt.
Walther Doch, wem der Lenz schon lang ent-
ronnen, wie wird er dem aus dem Bild gewonnen? Sachs Er frischt es an, so oft er kann:
drum möcht' ich, als bedürft'ger Mann, will
ich euch die Regeln lehren, sollt ihr sie mir neu
erklären. — Seht, hier ist Dinte, Feder, Papier:
ich schreib's euch auf, dictirt ihr mir! Walther
Wie ich's begänne, wüsst' ich kaum. Sachs
Erzählt mir euren Morgentraum! Walther
Durch eurer Regeln gute Lehr', ist mir's, als
ob verwischt er wär'. Sachs Grad' nehmt die
Dichtkunst jetzt zur Hand; mancher durch sie
das Verlor'ne fand. Walther Dann wär's nicht
Traum, doch Dichterei? Sachs 's sind Freunde
beid', steh'n gern sich bei. Walther Wie fang'
ich nach der Regel an? Sachs Ihr stellt sie
selbst, und folgt ihr dann. Gedenkt des schönen
Traum's am Morgen; für's Andre lasst Hans
Sachs nur sorgen! Walther setzt sich zu Sachs und beginnt, nach kurzer Sammlung, sehr leise

„Morgenlich leuchtend in rofigem Schein, von Blüth' und Duft geschwellt die Luft, voll aller Wonnen nie erfonnen, ein Garten lud mich ein, Gaft ihm zu fein." Er hält etwas an Sachs Das war

Das Meisterlied

ein Stollen: nun achtet wohl, dass ganz ein gleicher folgen soll. Walther Warum ganz gleich? Sachs Damit man feh', ihr wähltet euch gleich ein Weib zur Eh'. Walther fährt fort

Des Meisters Handschrift

"onnig entragend dem seligen Raum bot gold'ner Frucht heilsaft'ge Wucht mit holdem Prangen dem Verlangen an duft'ger Zweige Saum herrlich ein Baum." *Erhält inne* Sachs Ihr schlosset nicht im gleichen Ton: das macht den Meistern Pein; doch nimmt Hans Sachs die Lehr' davon, im Lenz wohl müss' es so sein. – Nun stellt mir einen Abgesang. Walther Was soll nun der? Sachs Ob euch gelang ein rechtes Paar zu finden, das zeigt sich jetzt an den Kinden. Den Stollen ähnlich, doch nicht gleich, an eig'nen Reim' und Tönen reich; dass man es recht schlank und selbstig find', das freut die Aeltern an dem Kind: und euren Stollen giebt's den Schluss, dass nichts davon abfallen muss. Walther *fährt fort* ei euch vertraut, welch' hehres Wunder mir gescheh'n: an meiner Seite stand ein Weib, so schön und hold ich nie geseh'n; gleich einer Braut umfasste sie sanft meinen Leib; mit Augen winkend, die Hand wies blinkend, was ich verlangend begehrt, die Frucht so hold und werth vom Lebensbaum." Sachs *seine Rührung verbergend* Das nenn' ich mir einen Abgesang; seht, wie der ganze Bar gelang! Nur mit der Melodei seid ihr ein wenig frei; doch sag' ich nicht, dass es ein Fehler sei; nur ist's nicht leicht zu behalten, und das ärgert unsre Alten! – Jetzt richtet mir noch einen zweiten Bar, damit man merk', welch' der erste war. Auch weiss ich noch nicht, so gut ihr's gereimt, was ihr gedichtet, was ihr geträumt. *Walther* (wie vorher) Abendlich glühend in himmlischer Pracht verschied der Tag, wie dort ich lag; aus ihren Augen Wonne zu saugen, Verlangen einz'ger Macht in mir nur wacht'. — Nächtlich umdämmert der Blick sich mir bricht! Wie weit so nah beschienen da zwei lichte Sterne aus der ferne durch schlanker Zweige Licht hehr mein Gesicht. — Lieblich ein Quell auf stiller Höhe dort mir rauscht; jetzt schwellt er an sein hold Getön', so süss und stark ich's nie erlauscht: leuchtend und hell, wie strahlten die Sterne da schön; zu Tanz und Reigen in Laub und Zweigen der gold'nen sammeln sich mehr, statt frucht ein Sternenheer im Lorbeerbaum." — *Sachs* (sehr gerührt, sanft) Freund! eu'r Traumbild wies euch wahr: gelungen ist auch der zweite Bar. Wolltet ihr noch einen dritten dichten, des Traumes Deutung würd' er berichten. *Walther* Wie fänd' ich die? Genug der Wort'! *Sachs* (aufstehend) Dann Wort und That am rechten Ort! — Drum bitt' ich, merkt mir gut die Weise; gar lieblich drin sich's dichten lässt: und singt ihr sie in weit'rem Kreise, dann haltet mir auch das Traumbild fest. *Walther* Was habt ihr vor? *Sachs* Eu'r treuer Knecht fand sich mit Sack und Tasch' zurecht; die Kleider, drin am Hochzeitsfest daheim bei euch ihr wolltet prangen, die liess er her zu mir gelangen; — ein Täubchen zeigt ihm wohl das Nest, darin fein Junker träumt': drum folgt mir jetzt in's Kämmerlein! Mit Kleiden / wohlgeſäumt / ſollen Beide wir gezieret ſein / wann's Stattliches zu wagen gilt: — drum kommt / ſeid ihr gleich mir gewillt! Er öffnet Walther die Thür und geht mit ihm hinein. Beckmeſſer lugt zum Laden herein; da er die Werkſtatt leer findet, tritt er näher. Er iſt reich aufgeputzt, aber in ſehr leidendem Zuſtande. Er hinkt, ſtreicht und reckt ſich; zuckt wieder zuſammen; er ſucht einen Schemel, ſetzt ſich; ſpringt aber ſogleich wieder auf und ſtreichelt ſich die Glieder von Neuem. Verzweiflungsvoll ſinnend geht er dann umher. Dann bleibt er ſtehen, lugt durch das Fenſter nach dem Hauſe hinüber; macht Gebärden der Wuth; ſchlägt ſich wieder vor den Kopf. — Endlich fällt ſein Blick auf das von Sachs zuvor beſchriebene Papier auf dem Werktiſche; er nimmt es neugierig auf, überfliegt es mit immer gröſſerer Aufregung und bricht dann wüthend aus:

Ein Werbelied! Von Sachs? — iſt's wahr? Ah! — Nun wird mir alles klar! Da er die Kammerthür gehen hört, fährt er zuſammen und verſteckt das Blatt eilig in der Taſche. Sachs tritt ein und hält an im feſtgewande, ꝛc. Sieh da! Herr Schreiber? Auch am Morgen? Euch machen die Schuh' doch nicht mehr Sorgen? Laſst ſeh'n / mich dünkt / ſie ſitzen gut? Beckmeſſer Den Teufel / ſo dünn war ich noch nie beſchuht: fühl' durch die Sohle den feinſten Kies! Sachs Mein Merkerſprüchlein wirkte dies: trieb ſie mit Merkerzeichen ſo weich. Beckmeſſer Schon gut der Witz'! Und genug der Streich'! Glaubt mir / Freund Sachs / jetzt kenn' ich euch; der Spass von dieſer Nacht / der wird euch noch gedacht: daſs ich euch nur nicht im Wege sei, schuf't ihr gar Aufruhr und Meuterei! Sachs's war Polterabend, lasst euch bedeuten: eure Hochzeit spukte unter den Leuten; je toller es da hergeh', je besser bekommt's der Eh'. Beckmesser aus sich brechend O Schuster, voll von Ränken und pöbelhaften Schwänken, du warst mein Feind von je: nun hör', ob hell ich seh'! Die ich mir auserkoren, die ganz für mich geboren, zu aller Wittwer Schmach, der Jungfer stellst du nach. Dass sich Herr Sachs erwerbe des Goldschmied's reiches Erbe, im Meister-Rath zur Hand auf Klauseln er bestand, ein Mägdlein zu bethören, das nur auf ihn sollt' hören, und, And'ren abgewandt, zu ihm allein sich fand. Darum! darum—wär' ich so dumm?—mit Schreien und mit Klopfen wollt' er mein Lied zustopfen, dass nicht dem Kind werd' kund, wie auch ein And'rer bestund! Ja ja!—Ha ha! Hab' ich dich da? Aus seiner Schuster-Stuben hetzt' endlich er den Buben mit Knüppeln auf mich her, dass meiner los er wär'! Au au! Au au! Wohl grün und blau, zum Spott der allerliebsten Frau, zerschlagen und zerprügelt, dass kein Schneider mich aufbügelt! Gar auf mein Leben war's angegeben! Doch kam ich noch so davon, dass ich die That euch lohn'! Zieht heut' nur aus zum Singen, merkt auf, wie's mag gelingen; bin ich gezwackt auch und zerhackt, euch bring' ich doch sicher aus dem Takt! Sachs Gut Freund, ihr seid in argem Wahn! Glaubt, was ihr wollt, dass ich's gethan, gebt eure Eifersucht nur hin; zu werben kommt mir nicht in

Sinn. Beckmesser Lug und Trug! Ich weiss es besser. Sachs Was fällt euch nur ein, Meister Beckmesser? Was ich sonst im Sinn, geht euch nichts an: doch glaubt, ob der Werbung seid ihr im Wahn. Beckmesser Ihr säng't heut' nicht? Sachs Nicht zur Wette. Beckmesser Kein Werbelied? Sachs Gewisslich, nein! Beckmesser Wenn ich aber drob ein Zeugniss hätte? Sachs *blickt auf den Werktisch* Das Gedicht! Hier liess ich's: — stecktet ihr's ein? Beckmesser *zieht das Blatt hervor* Ist das eure Hand? Sachs Ja, war es das? Beckmesser Ganz frisch noch die Schrift! Sachs Und die Dinte noch nass! Beckmesser 's wär' wohl gar ein biblisches Lied? Sachs Der fehlte wohl, wer darauf rieth. Beckmesser Nun denn? Sachs Wie doch? Beckmesser Ihr fragt? Sachs Was noch? Beckmesser Dass ihr mit aller Biederkeit der ärgste aller Spitzbuben seid! Sachs Mag sein! Doch hab' ich noch nie entwandt, was ich auf fremden Tischen fand: — und dass man von euch auch nichts Uebles denkt, behaltet das Blatt, es sei euch geschenkt. Beckmesser *in freudigem Schreck aufspringend* Herr Gott! .. Ein Gedicht! .. Ein Gedicht von Sachs? .. Doch halt, dass kein neuer Schad' mir erwachs'! — Ihr habt's wohl schon recht gut memorirt? Sachs Seid meinethalb doch nur unbeirrt! Beckmesser Ihr lasst mir das Blatt? Sachs Damit ihr kein Dieb. Beckmesser Und mach' ich Gebrauch? Sachs Wie's euch belieb'. Beckmesser Doch, sing' ich das Lied? Sachs Wenn's nicht zu schwer. Beckmesser Und wenn ich gefiel'? Sachs Das wunderte mich sehr! Beckmesser *ganz zutraulich*

Da seid ihr nun wieder zu bescheiden: ein Lied von Sachs, das will was bedeuten! Und seht, wie mir's ergeht, wie's mit mir Armen steht! Erseh' ich doch mit Schmerzen, mein Lied, das Nachts ich sang, — Dank euren lust'gen Scherzen! — es machte der Pognerin bang. Wie schaff' ich nun zur Stelle ein neues Lied herzu? Ich armer, zerschlag'ner Geselle, wie fänd' ich heut' dazu Ruh'? Werbung und eh'lich Leben, ob das mir Gott beschied, muss ich nur grad' aufgeben, hab' ich kein neues Lied. Ein Lied von euch, dess bin ich gewiss, mit dem besieg' ich jed' Hinderniss! Soll ich das heute haben, vergessen und begraben sei Zwist, Hader und Streit, und was uns je entzweit. *Er blickt seitwärts in das Blatt; plötzlich runzelt sich seine Stirn* Und doch! Wenn's nur eine Falle wär'! — Noch gestern war't ihr mein Feind: wie käm's, dass nach so grosser Beschwer' ihr's freundlich heut' mit mir meint? Sachs Ich machte euch Schuh' in später Nacht: hat man so je einen Feind bedacht? Beckmesser Ja ja! recht gut! — doch Eines schwört: wo und wie ihr das Lied auch hört, dass nie ihr euch beikommen lass't, zu sagen, es sei von euch verfasst. Sachs Das schwör' ich und gelob' euch hier, nie mich zu rühmen, das Lied sei von mir. Beckmesser *sehr erfreut glücklich* Was will ich mehr, ich bin geborgen! Jetzt hat sich Beckmesser nicht mehr zu sorgen! *Er reibt sich froh die Hände.* Sachs Doch, Freund, ich führ's euch zu Gemüthe, und rathe euch in aller Güte: studirt mir recht das Lied! Sein Vortrag ist nicht leicht: ob euch die Weise gerieth', und ihr den Ton erreicht! Beckmesser freund Sachs, ihr seid ein guter Poet; doch was Ton und Weise betrifft, gesteht, da thut's mir Keiner vor! Drum spitzt nur fein das Ohr, und: Beckmesser, Keiner besser! Darauf macht euch gefasst, wenn ihr rubig mich singen lasst. — Doch nun memoriren, schnell nach Haus! Ohne Zeit verlieren richt' ich das aus. — Hans Sachs, mein Theurer! ich hab' euch verkannt; durch den Abenteurer war ich verrannt: so einer fehlte uns bloss! Den wurden wir Meister doch los! — Doch mein Besinnen läuft mir von hinnen: bin ich verwirrt, und ganz verirrt? Die Sylben, die Reime, die Worte, die Verse: ich kleb' wie an Leime, und brennt doch die ferse. Ade! ich muss fort! An andrem Ort dank' ich euch inniglich, weil ihr so minniglich; für euch nun stimme ich, kauf' eure Werke gleich, mache zum Merker euch: doch fein mit Kreide weich, nicht mit dem Hammerstreich! Merker! Merker! Merker Hans Sachs! dass Nürnberg schusterlich blüh' und wachs'! *Er hinkt, poltert und taumelt wie besessen fort.* Sachs

so ganz boshaft doch Keinen ich fand, er hält's auf die Länge nicht aus: vergeudet Mancher oft viel Verstand, doch hält er auch damit Haus: die schwache Stunde kommt für Jeden; da wird er dumm, und lässt mit sich reden. — Dass hier Herr Beckmesser ward zum Dieb, ist mir für meinen Plan sehr lieb. — *Er sieht durch das fenster Eva kommen* Sieh, Evchen! Dacht' ich doch, wo sie blieb! *Eva, reich geschmückt und in glänzender weisser Kleidung, tritt zum Laden herein.* Sachs Grüss' Gott, mein Evchen! Ei, wie

Die selige Morgentraumdeut-Weise

herrlich, wie stolz du's heute meinst! Du machst wohl Jung und Alt begehrlich, wenn du so schön erscheinst. **Eva** Meister! 's ist nicht so gefährlich: und ist's dem Schneider geglückt, wer sieht dann an, wo's mir beschwerlich, wo still der Schuh mich drückt? **Sachs** Der böse Schuh! 's war deine Laun', dass du ihn gestern nicht probirt. **Eva** Merk' wohl, ich hatt' zu viel Vertrau'n: im Meister hab' ich mich geirrt. **Sachs** Ei, 's thut mir leid! Zeig' her, mein Kind, dass ich dir helfe, gleich geschwind. **Eva** Sobald ich stehe, will es geh'n: doch will ich geh'n, zwingt's mich zu steh'n. **Sachs** Hier auf den Schemel streck' den Fuss: der üblen Noth ich wehren muss. *Sie streckt den Fuss auf den Schemel beim Werktisch.* **Was** ist's mit dem? **Eva** Ihr seht, zu weit! **Sachs** Kind, das ist pure Eitelkeit: der Schuh ist knapp. **Eva** Das sag' ich ja: drum drückt er mir die Zehen da. **Sachs** Hier links? **Eva** Nein, rechts. **Sachs** Wohl mehr am Spann? **Eva** Mehr hier am Hacken. **Sachs** Kommt der auch dran? **Eva** Ach Meister! Wüsstet ihr besser als ich, wo der Schuh mich drückt? **Sachs** Ei, 's wundert mich, dass er zu weit, und doch drückt überall? *Walther, in glänzender Ritterrtracht, tritt unter die Thür der Kammer und bleibt beim Anblick Eva's wie festgebannt stehen. Eva stösst einen leisen Schrei aus und bleibt ebenfalls unverwandt in ihrer Stellung, mit dem Fusse auf dem Schemel. Sachs, der vor ihr sich gebückt hat, ist* **Aha! hier sitzt's! Nun** begreif' ich den Fall! Kind, du hast recht: 's stak in der Nath: — nun warte, dem Uebel schaff ich Rath. Bleib' nur so steh'n; ich nehm' dir den Schuh eine Weil auf den Leisten: dann lässt er dir Ruh'! *Er hat ihr sanft den Schuh vom Fusse gezogen; während sie in ihrer Stellung verbleibt, macht er sich mit dem Schuh zu schaffen und thut, als beachte er nichts.* **Sachs** *bei der Arbeit* Immer schustern!

das ist nun mein Loos; des Nachts, des Tags —
komm' nicht davon los! — Kind, hör' zu! Ich
hab's überdacht, was meinem Schustern ein
Ende macht: am besten, ich werbe doch noch
um dich; da gewänn' ich doch 'was als Poet
für mich! — Du hörst nicht drauf? — So sprich
doch jetzt! Hast mir's ja selbst in den Kopf
gesetzt! — Schon gut! — ich merk'! — Mach'
deinen Schuh! ... Säng' mir nur wenigstens
Einer dazu! Hörte heut' gar ein schönes Lied: —
wem dazu ein dritter Vers gerieth'! Walther
immer Eva gegenüber in der vorigen Stellung

„**W**eilten die Sterne im lieblichen
Tanz? So licht und klar im
Lockenhaar, vor allen Frauen
hehr zu schauen, lag ihr mit zartem
Glanz ein Sternenkranz. — Wunder ob Wunder nun bieten sich dar: zwiefachen
Tag ich grüssen mag; denn gleich zwei'n
Sonnen reinster Wonnen, der hehrsten Augen
Paar nahm ich nun wahr. — Huldreichstes Bild,
dem ich zu nahen mich erkühnt: den Kranz,
vor zweier Sonnen Strahl zugleich verblichen
und ergrünt, minnig und mild, sie flocht
ihn um's Haupt dem Gemahl. Dort Huld-
geboren, nun Ruhm-erkoren, giesst para-
diesische Lust sie in des Dichters Brust — im
Liebestraum." Sachs *hat, immer mit seiner Arbeit beschäftigt, den Schuh zurückgebracht und ist jetzt während der Schlussverse von Walther's Gesang darüber her, ihn Eva anzuziehen*

Lausch', Kind! das ist ein Meisterlied:
derlei hörst du jetzt bei mir singen.
Nun schau', ob dabei mein Schuh
gerieth? Mein' endlich doch es thät'
mir gelingen? Versuch's! tritt auf! —
Sag', drückt er dich noch?
Eva, die wie bezaubert bewegungslos gestanden, Walther gesehen und gehört hat, bricht jetzt in heftiges Weinen aus, sinkt Sachs an die Brust und drückt ihn

schluchzend an sich. — Walther ist zu ihnen getreten und drückt Sachs begeistert die Hand. — Sachs thut sich endlich Gewalt an, reisst sich wie unmuthig los und lässt dadurch Eva unwillkürlich an Walther's Schulter sich anlehnen.

Sachs Hat man mit dem Schuhwerk nicht seine Noth! Wär' ich nicht noch Poet dazu, ich machte länger keine Schuh'! Das ist eine Müh' und Aufgebot! Zu weit dem Einen, dem Andern zu eng; von allen Seiten Luft und Gedräng': da klappt's, da schlappt's, hier drückt's, da zwickt's! Der Schuster soll auch alles wissen, flicken was nur immer zerrissen; und ist er nun Poet dazu, so lässt man am End' ihm auch da kein' Ruh': doch ist er erst noch Wittwer gar, zum Narren macht man ihn fürwahr; die jüngsten Mädchen, ist Noth am Mann, begehren, er hielte um sie an; versteht er sie, versteht er sie nicht, alleins ob ja, ob nein er spricht: am Ende riecht er doch nach Pech, und gilt für dumm, tückisch und frech! Ei, 's ist mir nur um den Lehrbuben leid; der verliert mir allen Respekt; die Lene macht ihn schon nicht recht gescheit, dass in Töpf' und Tellern er leckt! Wo Teufel er jetzt wieder steckt? *Er stellt sich, als wolle er nach David sehen.* **Eva** *hält Sachs und zieht ihn von neuem an sich* O Sachs! mein Freund! Mein theurer Mann! Wie ich dir Edlem lohnen kann! Was ohne deine Liebe, was wär' ich ohne dich, ob je auch Kind ich bliebe, erwecktest du nicht mich? Durch dich gewann ich, was man preist, durch dich ersann ich, was ein Geist! Durch dich erwacht, durch dich nur dacht' ich edel, frei und kühn: du liessest mich erblüh'n! — O lieber Meister! schilt mich nur! Ich war doch auf der rechten Spur: denn, hatte ich die Wahl, nur dich erwählt' ich mir: du warest mein Gemahl, den Preis nur reicht' ich dir! — Doch nun hat's mich

gewählt zu nie gekannter Qual: und werd'
ich heut' vermählt, so war's ohn' alle Wahl!
Das war ein Müssen, war ein Zwang! Dir
selbst, mein Meister, wurde bang'. Sachs

ein Kind: von Tristan und
Isolde kenn' ich ein traurig
Stück: Hans Sachs war klug,
und wollte nichts von Herrn Marke's Glück. —
's war Zeit, dass ich den Rechten erkannt:
wär' sonst am End' doch hineingerannt! —
Aha! da streicht schon die Lene um's Haus.
Nur herein! — He, David! Kommst nicht heraus?
Magdalene, in festlichem Staate, tritt durch die Ladenthür herein; aus der Kammer
kommt zugleich David, im Festkleid mit Blumen und Bändern reich geschmückt.
Die Zeugen sind da, Gevatter zur Hand; jetzt
schnell zur Taufe; nehmt euren Stand! Alle blicken ihn verwundert an.
Ein Kind ward hier geboren; jetzt sei ihm ein
Nam' erkoren! So ist's nach Meister-Weis' und
Art, wenn eine Meisterweise geschaffen ward:
dass sie einen guten Namen trag', dran Jeder
sie erkennen mag. — Vernehmt, respektable Ge-
sellschaft, was euch hierher zur Stell' schafft! —
Eine Meisterweise ist gelungen, von Junker

Walther gedichtet und gesungen; der jungen
Weise lebender Vater lud mich und die Pognerin
zum Gevatter: weil wir die Weise wohl vernommen / sind wir zur Taufe hierher ge-
kommen. Auch dass wir zur Handlung Zeugen
haben / ruf' ich Jungfer Lene / und meinen
Knaben: doch da's zum Zeugen kein Lehrbube thut / und heut' auch den Spruch er gesungen gut / so mach' ich den Burschen gleich
zum Gesell'; knie nieder / David / und nimm
diese Schell'! <small>David ist niedergekniet: Sachs gibt ihm eine starke Ohrfeige</small>

Steh' auf / Gesell! und denk'
an den Streich; du merkst dir
dabei die Taufe zugleich! —
fehlt sonst noch 'was / uns
Keiner drum schilt: wer weiss /
ob's nicht gar einer Nothtaufe
gilt. Dass die Weise Kraft
behalte zum Leben / will ich nur gleich den
Namen ihr geben: — „die selige Morgentraum-
deut-Weise" sei sie genannt zu des Meisters
Preise. — Nun wachse sie gross / ohn' Schad'
und Bruch: die jüngste Gevatterin spricht den
Spruch. Eva Selig / wie die Sonne meines
Glückes lacht / Morgen voller Wonne / selig mir
erwacht! Traum der höchsten Hulden / himmlisch Morgenglüh'n! Deutung euch zu schulden /
selig süss Bemüh'n! <small>Zugleich mit Walther, Sachs, David und Magdalene</small> Einer
Weise mild und hehr / sollt' es hold gelingen /
meines Herzens süss Beschwer deutend zu
bezwingen. Ob es nur ein Morgentraum?
Selig deut' ich mir es kaum. Doch die Weise /
was sie leise mir vertraut im stillen Raum / hell

und laut, in der Meister vollem Kreis, deute
sie den höchsten Preis! Walther Deine Liebe,
rein und hehr, liess es mir gelingen, meines
Herzens süss Beschwer deutend zu bezwingen.
Ob es noch der Morgentraum? Selig deut' ich
mir es kaum. Doch die Weise, was sie leise
dir vertraut im stillen Raum, hell und laut,
in der Meister vollem Kreis,
werbe sie um höchsten Preis!
Sachs Vor dem Kinde, lieblich hehr, mocht' ich gern
wohl singen; doch des Herzens süss Beschwer galt es
zu bezwingen. 's war ein
schöner Abendtraum: daran
zu deuten wag' ich kaum. Diese Weise, was
sie leise mir vertraut im stillen Raum, sagt
mir laut: auch der Jugend ew'ges Reis grünt
nur durch des Dichters Preis. David Wach'
oder träum' ich schon so früh? Das zu erklären macht mir Müh'. 's ist nur ein Morgentraum: was ich seh', begreif' ich kaum. Ward
zur Stelle gleich Geselle? Lene Braut? Im
Kirchenraum wir getraut? 's geht der Kopf
mir, wie im Kreis, dass ich bald gar Meister
heiss'! Magdalene Wach' oder träum' ich
schon so früh? Das zu erklären macht mir
Müh': 's ist wohl nur ein Morgentraum? Was
ich seh', begreif' ich kaum! Er zur Stelle gleich
Geselle? Ich die Braut? Im Kirchenraum
wir getraut? Ja, wahrhaftig! 's geht: wer
weiss? Bald ich wohl Frau Meist'rin heiss'!

Das Orchester geht sehr leise in eine marschmässige, heitere Weise über. — Sachs
ordnet den Aufbruch an

Sachs Jetzt All' am Fleck! Den Vater grüss'!
Auf, nach der Wies', schnell auf die Füss'!
Eva trennt sich von Sachs und Walther und verlässt mit Magdalene die Werkstatt.
Nun, Junker! Kommt! Habt frohen Muth! —
David, Gesell'! Schliess' den Laden gut!

Als Sachs und Walther ebenfalls auf die Strasse gehen und David sich über das Schliessen der Ladenthür hermacht, wird im Proscenium ein Vorhang von beiden Seiten zusammengezogen, sodass er die Scene gänzlich schliesst. — Als die Musik allmählich zu grösserer Stärke angewachsen ist, wird der Vorhang nach der Höhe zu aufgezogen. Die Bühne ist verwandelt

Verwandlung.

Die Scene stellt einen freien Wiesenplan dar, im ferneren Hintergrunde die Stadt Nürnberg. Die Pegnitz schlängelt sich durch den Plan; der schmale Fluss ist an den nächsten Punkten praktikabel gehalten. Buntbeflaggte Kähne setzen unablässig die ankommenden, festlich geschmückten Bürger der Zünfte mit Frauen und Kindern an das Ufer der Festwiese über. Eine erhöhte Bühne mit Bänken darauf ist rechts zur Seite aufgeschlagen; bereits ist sie mit den Fahnen der angekommenen Zünfte ausgeschmückt; im Verlaufe stecken die Fahnenträger der noch ankommenden Zünfte ihre Fahnen ebenfalls um die Sängerbühne auf, sodass diese schliesslich nach drei Seiten hin ganz davon eingefasst ist. — Zelte mit Getränken und Erfrischungen aller Art begrenzen im Uebrigen die Seiten des vorderen Hauptraumes. Vor den Zelten geht es bereits lustig her: Bürger mit Frauen und Kindern sitzen und lagern daselbst. — Die Lehrbuben der Meistersinger, festlich gekleidet, mit Blumen und Bändern reich und anmuthig geschmückt, üben mit schlanken Stäben, die ebenfalls mit Blumen und Bändern geziert sind, in lustiger Weise das Amt von Herolden und Marschällen aus. Sie empfangen die am Ufer Aussteigenden, ordnen die Züge der Zünfte und geleiten diese nach der Sängerbühne, von wo aus, nachdem der Bannerträger die Fahne aufgepflanzt, die Zunftbürger und Gesellen nach Belieben sich unter den Zelten zerstreuen. Unter den noch anlangenden Zünften werden die folgenden besonders bemerkt.

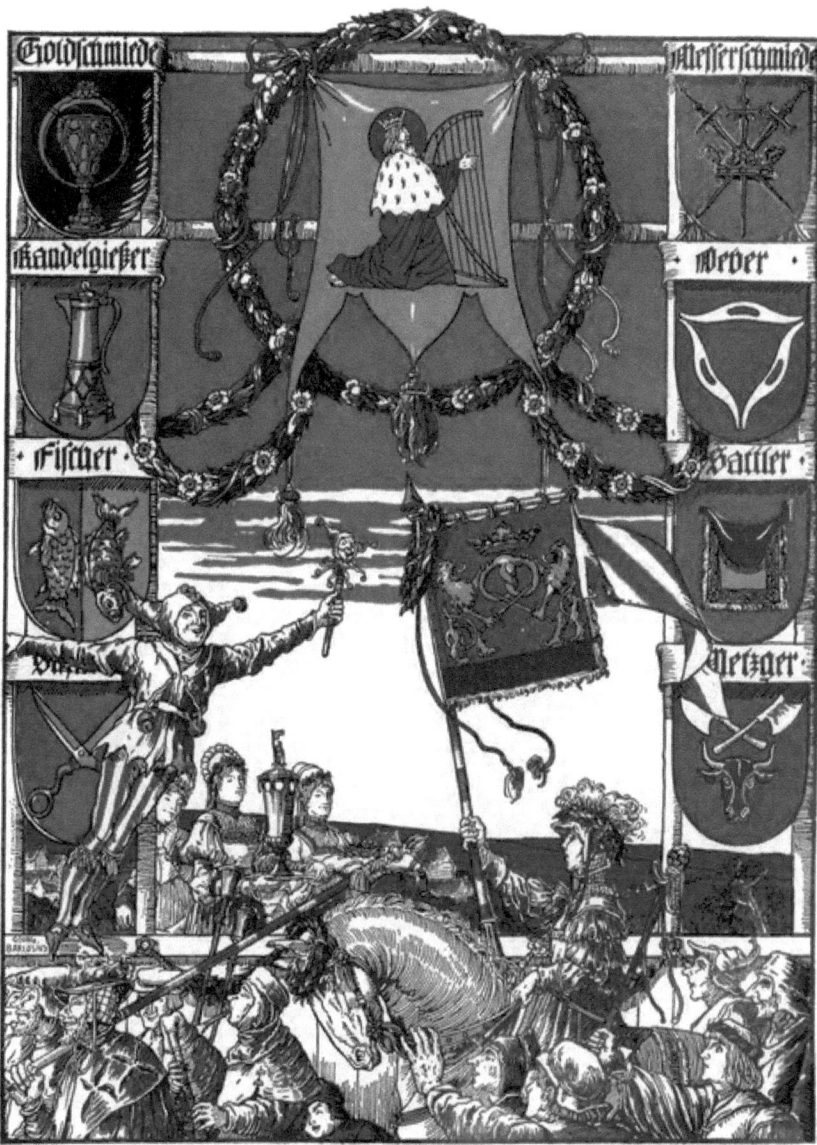

Die Schuster *indem sie aufziehen* Sankt Crispin, lobet ihn! War gar ein heilig Mann, zeigt was ein Schuster kann. Die Armen hatten gute Zeit, macht' ihnen warme Schuh'; und wenn ihm Keiner Leder leiht, so stahl er sich's dazu. Der Schuster hat ein weit Gewissen, macht Schuhe selbst mit Hindernissen; und ist vom Gerber das Fell erst weg, dann streck'! streck'! streck'! Leder taugt nur am rechten Fleck ✻ ✻ ✻ ✻ ✻
Die Stadtpfeifer, Lauten- und Kinderinstrumentenmacher ziehen, auf ihren Instrumenten spielend, auf. Ihnen folgen Die Schneider Als Nürenberg belagert war, und Hungersnoth sich fand, wär' Stadt und Volk verdorben gar, war nicht ein Schneider zur Hand, der Muth hat und Verstand: hat sich in ein Bockfell eingenäht, auf dem Stadtwall da spazieren geht, und macht wohl seine Sprünge gar lustig guter Dinge. Der Feind, der sieht's und zieht vom Fleck: der Teufel hol' die Stadt sich weg, hat's drin noch so lustige Meck-meck-meck! Meck! Meck! Meck! Wer glaubt's, dass ein Schneider im Bocke steck'. Die Bäcker *ziehen dicht hinter den Schneidern auf, sodass ihr Lied in das der Schneider hineinklingt* Hungersnoth! Hungersnoth! Das ist ein gräulich Leiden! Gäb' euch der Bäcker kein täglich Brod, müsst' alle Welt verscheiden. Beck! Beck! Beck! Täglich auf dem Fleck! Nimm uns den Hunger weg! Lehrbuben Herr Je! Herr Je! Mädel von Fürth! Stadtpfeifer, spielt! dass 's lustig wird!
Ein bunter Kahn, mit jungen Mädchen in reicher bäuerischer Tracht, ist angekommen. Die Lehrbuben heben die Mädchen heraus und tanzen mit ihnen, während die Stadtpfeifer spielen, nach dem Vordergrunde. — Das Charakteristische des Tanzes besteht darin, dass die Lehrbuben die Mädchen scheinbar nur an den Platz bringen wollen; sowie die Gesellen zugreifen wollen, ziehen die Buben die Mädchen aber immer wieder zurück, als ob sie anderswo unterbringen wollten, wobei sie meistens den ganzen Kreis, wie wählend, ausmessen und somit die scheinbare Absicht auszuführen anmutig und lustig verzögern.

Empfang der Meistersinger. Alles macht auf das Geheiss der Lehrbuben Platz. — Die Meistersinger ordnen sich am Landungsplatze und ziehen dann festlich auf, um auf der erhöhten Bühne ihre Plätze einzunehmen. Voran Kothner als Fahnenträger; dann Pogner, Eva an der Hand führend; diese ist von festlich geschmückten und reich gekleideten jungen Mädchen begleitet, denen sich Magdalene anschliesst. Dann folgen die übrigen Meistersinger. Sie werden mit Hutschwenken und Freudenrufen begrüsst. Als Alle auf der Bühne angelangt sind, Eva, von den Mädchen umgeben, den Ehrenplatz eingenommen und Kothner die Fahne gerade in der Mitte der übrigen Fahnen, und sie alle überragend, aufgepflanzt hat, treten die Lehrbuben, dem Volke zugewendet, feierlich vor der Bühne in Reih und Glied.

Lehrbuben Silentium! Silentium! Lasst all' Reden und Gesumm'! 🌼🌼🌼🌼🌼🌼🌼🌼

Sachs erhebt sich und tritt vor. Bei seinem Anblick stösst sich Alles an und bricht unter Hut- und Tücherschwenken in lauten Jubel aus. **Alles Volk** Ha! Sachs! 's ist Sachs! Seht, Meister Sachs! Stimmt an! Stimmt an! Stimmt an! Mit feierlicher Haltung

"Wach' auf, es nahet gen dem Tag, ich hör' singen im grünen Hag ein' wonnigliche Nachtigall, ihr Stimm' durchklinget Berg und Thal: die Nacht neigt sich zum Occident, der Tag geht auf von Orient, die rothbrünstige Morgenröth' her durch die trüben Wolken geht." — Heil Sachs! Hans Sachs! Heil Nürnberg's theurem Sachs! 🌼🌼🌼🌼🌼🌼🌼🌼

Sachs Längeres Schweigen grosser Ergriffenheit. der unbeweglich, wie geistesabwesend, über die Volksmenge hinweggeblickt hatte, richtet endlich seine Blicke vertrauter auf sie, verneigt sich freundlich und beginnt mit ergriffener, schnell aber sich festigender Stimme

Euch wird es leicht, mir macht ihr's schwer, gebt ihr mir Armen zu viel Ehr': such' vor der Ehr' ich zu besteh'n, sei's, mich von euch geliebt zu seh'n! Schon grosse Ehr' ward mir erkannt, ward heut' ich zum Spruchsprecher ernannt: und was mein Spruch euch künden soll, glaubt, das ist hoher Ehre voll! Wenn ihr die Kunst so hoch schon ehrt, da galt es zu beweisen, dass, wer ihr selbst gar angehört, sie schätzt ob allen Preisen. Ein Meister, reich und hochgemuth, der will euch heut' das zeigen: sein Töchterlein, sein höchstes Gut, mit allem Hab und Eigen, dem Singer, der

im Kunstgesang vor allem Volk den Preis errang, als höchsten Preises Kron' er bietet das zum Lohn. Darum so hört, und stimmet bei: die Werbung steht dem Dichter frei. Ihr Meister, die ihr's euch getraut, euch ruf' ich's vor dem Volke laut: erwägt der Werbung selt'nen Preis, und wem sie soll gelingen, dass er sich rein und edel weiss, im Werben, wie im Singen, will er das Reis erringen, das nie bei Neuen, noch bei Alten ward je so herrlich hochgehalten, als von der lieblich Reinen, die niemals soll beweinen, dass Nürenberg mit höchstem Werth die Kunst und ihre Meister ehrt.

Grosse Bewegung Aller. — Sachs geht auf Pogner zu, der ihm gerührt die Hand drückt.

Pogner O Sachs! Mein Freund! Wie dankenswerth! Wie wisst ihr, was mein Herz beschwert! **Sachs** 's war viel gewagt! Jetzt habt nur Muth!

Er wendet sich zu Beckmesser, der schon während des Einzuges, und dann fortwährend, immer das Blatt mit dem Gedicht heimlich herausgezogen, memorirt, genau zu lesen versucht, und oft verzweiflungsvoll den Schweiss sich von der Stirn gewischt hat. Herr Merker! Sagt, wie steht es? Gut? **Beckmesser** O, dieses Lied! — Werd' nicht draus klug, und hab' doch dran studirt genug! **Sachs** Mein Freund, 's ist euch nicht aufgezwungen. **Beckmesser** Was hilft's? — Mit dem meinen ist doch versungen; 's war eure Schuld! — Jetzt seid hübsch für mich! 's wär' schändlich, liesset ihr mich im Stich! **Sachs** Ich dächt', ihr gäbt's auf. **Beckmesser** Warum nicht gar? Die And'ren sing' ich alle

zu paar'! Wenn ihr nur nicht singt. Sachs
So seht, wie's geht! Beckmesser Das Lied! —
bin's sicher — zwar Keiner versteht: doch bau'
ich auf eure Popularität ❀❀❀❀❀❀
Die Lehrbuben haben vor der Meistersinger-Bühne schnell von Rasenstücken einen
kleinen Hügel aufgeworfen, festgerammelt und reich mit Blumen überdeckt.❀❀
Sachs Nun denn, wenn's Meistern und Volk
beliebt, zum Wettgesang man den Anfang
giebt. Kothner ❀❀❀❀ Ihr ledig' Meister, macht
euch bereit! Der Aeltest' sich zuerst anlässt:—
Herr Beckmesser, ihr fangt an, 's ist Zeit! Beck-
messer verlässt die Singerbühne, die Lehrbuben führen ihn zu dem Zum
Blumenhügel: er strauchelt darauf, tritt unsicher und schwankt
Teufel! Wie wackelig! Macht das hübsch fest!
Die Buben lachen unter sich und stopfen an dem Rasen ❀❀❀❀❀❀❀❀
Das Volk unterschiedlich, während Bech- Wie, der? Der
messer sich zurechtmacht.❀❀
wirbt? Scheint mir nicht der Rechte. An der
Tochter Stell' ich den nicht möchte. — Er kann
nicht 'mal steh'n: Wie wird's mit dem geh'n? —
Seid still! 's ist gar ein tücht'ger Meister! Stadtschreiber ist er: Beckmesser heisst er. — Gott!
ist der dumm! Er fällt fast um! — Still! macht
keinen Witz; der hat im Rathe Stimm' und
Sitz. Die Lehrbuben in Auf- Silentium! Silen-
stellung
tium! Lasst all das Reden und Gesumm'!
Beckmesser macht, ängstlich ihre Blicke erforschend, eine gezierte Verbeugung gegen Eva.
Kothner fanget an! Beckmesser singt mit seiner Me-
lodie, verkehrter
Prosodie und mit süsslich verzierten Absätzen, öfters durch mangelhaftes Memo-
riren gänzlich behindert, und mit immer wachsender ängstlicher Verwirrung orgen ich leuchte in rosigem Schein,
voll Blut und Duft geht schnell
die Luft; — wohl bald gewonnen!
wie zerronnen, — im Garten lud
ich ein — garstig und fein." — Die
Meister leise ❀❀ Mein! was ist das? Ist er von
unter sich
Sinnen? Woher mocht' er solche Gedanken
gewinnen? Volk ❀❀ Sonderbar! Hört ihr's?
ebenso
Wen lud er ein? Verstand man recht? Wie
kann das sein? Beckmesser nachdem er sich mit den Füssen
wieder gerichtet und im Manu-

script heimlich nachgelesen „Wohn' ich erträglich im selbigen Raum, hol' Gold und Frucht — Bleisaft und Wucht: mich holt am Pranger — der Verlanger, — auf luft'ger Steige kaum — häng' ich am Baum." — Er sucht sich wieder zurecht zu stellen und im Manuscript zurecht zu finden. Meister und Volk zugleich. Die Meister Was soll das heissen? Ist er nur toll? Sein Lied ist ganz von Unsinn voll! Das Volk immer lauter Schöner Werber! Der find't seinen Lohn: bald hängt er am Galgen; man sieht ihn schon. Beckmesser immer verwirrter „Heimlich mir graut — weil hier es munter will hergeh'n: — an meiner Leiter stand ein Weib, — sie schämt' und wollt' mich nicht beseh'n. Bleich wie ein Kraut — umfasert mir Hanf meinen Leib; — die Augen zwinkend — der Hund blies winkend — was ich vor langem verzehrt, — wie Frucht, so Holz und Pferd — vom Leberbaum." — Hier bricht Alles in lautes, schallendes Gelächter aus.

Beckmesser verlöst wüthend den Bügel und eilt auf Sachs zu Verdammter Schuster! Das dank' ich dir! Das Lied, es ist gar nicht von mir: von Sachs, der hier so hoch verehrt, von eu'rem Sachs ward mir's bescheert! Mich hat der Schändliche gedrängt, sein schlechtes Lied mir aufgehängt. Er stürzt wüthend fort und verliert sich unter dem Volke. Grosser Aufstand. Volk Mein! Was soll das? Jetzt wird's immer bunter! Von Sachs das Lied? Das nähm' uns doch Wunder! Die Meistersinger Erklärt doch, Sachs! Welch

ein Skandal! Von euch das Lied? Welch eig'ner fall! Sachs *der ruhig das Blatt, welches ihm Beckmesser hingeworfen, aufgehoben hat* Das Lied fürwahr ist nicht von mir: Herr Beckmesser irrt, wie dort so hier! Wie er dazu kam, mag er selbst sagen; doch möcht' ich mich nie zu rühmen wagen, ein Lied, so schön wie dies erdacht, sei von mir, Hans Sachs, gemacht. Meistersinger Wie? schön dies Lied? Der Unsinn-Wust! Volk Hört, Sachs macht Spass! Er sagt's zur Lust. Sachs Ich sag' euch Herr'n, das Lied ist schön: nur ist's auf den ersten Blick zu erseh'n, dass Freund Beckmesser es entstellt. Doch schwör' ich, dass es euch gefällt, wenn richtig die Wort' und Weise hier einer säng' im Kreise. Und wer das verstünd', zugleich bewies', dass er des Liedes Dichter, und gar mit Rechte Meister hiess, fänd' er geneigte Richter. – Ich bin verklagt, und muss besteh'n: drum lasst meinen Zeugen mich auserseh'n! – Ist Jemand hier, der Recht mir weiss, der tret' als Zeug' in diesen Kreis!
Walther tritt aus dem Volke hervor. Allgemeine Bewegung So zeuget, das Lied sei nicht von mir, und zeuget auch, dass, was ich hier hab' von dem Lied gesagt, zuviel nicht sei gewagt. Die Meister Ei, Sachs! Gesteht, ihr seid gar fein! — So mag's denn heut' geschehen sein. Sachs Der Regel Güte daraus man erwägt, dass sie auch 'mal 'ne Ausnahm' verträgt. Das Volk Ein guter Zeuge, schön und kühn! Mich dünkt, dem kann 'was Gut's erblüh'n. Sachs Meister und Volk sind gewillt zu vernehmen, was mein Zeuge gilt. Herr Walther von Stolzing, singt das Lied! Ihr Meister, les't, ob's ihm gerieth. *Er gibt den Meistern das Blatt zum Nachlesen* Die Lehrbuben Alles

gespannt, 's gibt kein Gesumm', da rufen wir auch nicht Silentium! **Walther** der kühn und fest auf den Blumenhügel getreten, z/z

Morgenlich leuchtend in rosigem Schein, von Blüth' und Duft geschwellt die Luft, voll aller Wonnen nie ersonnen, ein Garten lud mich ein — Die Meister lassen hier ergriffen das Blatt fallen; Walther scheint es unmerklich — gewahrt zu haben und fährt nun in freier Fassung fort dort unter einem Wunderbaum, von Früchten reich behangen, zu schau'n in sel'gem Liebestraum, was höchstem Lustverlangen Erfüllung kühn verhiess – das schönste Weib, Eva im Paradies." Das Volk und die z/z Meistersinger zugleich **Das Volk** leise unter sich **Das ist 'was And'res! Wer hätt's gedacht? Was doch recht Wort und Vortrag macht!** Die Meistersinger leise für sich **Ja wohl! Ich merk'! 's ist ein ander Ding, ob falsch man oder richtig sing'. Sachs Zeuge am Ort! Fahret fort! Walther**

bendlich dämmernd umschloss mich die Nacht; auf steilem Pfad war ich genaht wohl einer Quelle edler Welle, die lockend mir gelacht: dort unter einem Lorbeerbaum, von Sternen hell durchschienen, ich schaut im wachen Dichtertraum, mit heilig holden Mienen mich netzend mit dem Nass, das hehrste Weib — die Muse des Parnass." *Das Volk zugleich mit den Meistersingern.* Das Volk *immer leiser, für sich* So hold und traut, wie fern es schwebt, doch ist's, als ob man's mit erlebt! Die Meistersinger 's ist kühn und seltsam, das ist wahr; doch wohlgereimt und singebar. Sachs Zum dritten, Zeuge wohl erkiest! fahret fort und schliesst! Walther *mit grösster Begeisterung* uldreichster Tag, dem ich aus Dichters Traum erwacht! Das ich geträumt, das Paradies, in himmlisch neu verklärter Pracht hell vor mir lag, dahin der Quell lachend mich wies: die, dort geboren, mein Herz erkoren, der Erde lieblichstes Bild, zur Muse mir geweiht, so heilig hehr als mild, *zugleich mit dem Volk, den Meistern und Pogner.* ward kühn von mir gefreit, am lichten Tag der Sonnen durch Sanges Sieg gewonnen Parnass und Paradies!" Volk *leise den Schluss begleitend* Gewiegt wie in den schönsten Traum, hör' ich es wohl, doch fass' es kaum. Reich' ihm das Reis! Sein der Preis! Keiner wie er zu werben weiss! Die Meister Ja, holder Sänger! Nimm das Reis! Dein Sang erwarb dir Meisterpreis! Pogner O Sachs! Dir dank' ich Glück und Ehr'! Vorüber nun all' Herzbeschwer!

<small>Eva, die von Anfang des Auftrittes her in sicherer, ruhiger Haltung verblieben und bei allen Vorgängen wie in seliger Geistesentrücktheit sich erhalten, hat Walther unverwandt zugehört; jetzt, während am Schlusse des Gesanges Volk und Meister, gerührt und ergriffen, unwillkürlich ihre Zustimmung ausdrücken, erhebt sie sich.</small>

schreitet an den Rand der Singerbühne und drückt auf die Stirn Walther's, welcher zu den Stufen heraufgetreten ist und vor ihr sich niedergelassen hat, einen aus Lorbeer und Myrthen geflochtenen Kranz, worauf dieser sich erhebt und von ihr zu ihrem Vater geleitet wird, vor welchem Beide niederknieen; Pogner streckt segnend seine Hände über sie aus ※※※※ Sachs deutet dem Volke mit der Hand auf die Gruppe ※ Den Zeugen, denkt es, wählt' ich gut: tragt ihr Hans Sachs drum üblen Muth? *Volk für sich* Hans Sachs! Nein! Das war schön

erdacht! Das habt ihr einmal wieder gut gemacht! *Mehrere Meistersinger* Auf, Meister Pogner! Euch zum Ruhm, meldet dem Junker sein Meisterthum. *Pogner eine goldene Kette mit drei Denkmünzen tragend* Geschmückt mit König David's Bild, nehm' ich euch auf in der Meister Gild'. *Walther zuckt unwillkürlich heftig zurück* Nicht Meister! Nein! Will ohne Meister selig sein! *Die Meister blicken in grosser Betretenheit auf Sachs ※※※* Sachs *Walther fest bei der Hand fassend* erachtet mir die Meister nicht, und ehrt mir ihre Kunst! Was ihnen hoch zum Lobe spricht, fiel reichlich euch zur Gunst. Nicht euren Ahnen, noch so werth, nicht euren Wappen, Speer noch Schwert, dass ihr ein Dichter seid, ein Meister euch gefreit, dem dankt ihr heut' eu'r höchstes Glück. Drum, denkt mit Dank ihr d'ran zurück, wie kann die Kunst wohl unwerth sein, die solche Preise schliesset ein? — Dass uns're Meister sie gepflegt, grad' recht nach ihrer Art, nach ihrem Sinne treu gehegt, das hat sie ächt bewahrt: blieb sie nicht adlig, wie zur Zeit, wo Höf' und Fürsten sie geweiht, im Drang der schlimmen Jahr' blieb sie doch deutsch und wahr; und wär' sie anders nicht geglückt, als wie wo Alles drängt' und drückt', ihr seht, wie hoch sie blieb in Ehr'! Was wollt ihr von den Meistern mehr? Habt Acht! Uns drohen üble Streich': — zerfällt erst deutsches Volk und Reich, in falscher wälscher Majestät kein Fürst dann mehr sein Volk versteht; und wälschen Dunst mit wälschem Tand sie pflanzen uns in's deutsche Land. Was deutsch und ächt wüsst' Keiner mehr, lebt's nicht in deutscher Meister Ehr'. Drum sag' ich euch: ehrt eure deutschen Meister: dann bannt ihr gute Geister! Und gebt ihr ihrem Wirken Gunst, zerging' in Dunst das heil'ge röm'sche Reich, uns bliebe gleich die heil'ge deutsche Kunst!

Alle fallen begeistert in den Schlussvers ein. — Eva nimmt den Kranz von Walther's Stirn und drückt ihn Sachs auf; dieser nimmt die Kette aus Pogner's Hand und hängt sie Walther um. — Walther und Eva lehnen sich zu beiden Seiten an Sachsens Schultern; Pogner lässt sich, wie huldigend, auf ein Knie vor Sachs nieder. Die Meistersinger deuten mit erhobenen Händen auf Sachs als auf ihr Haupt. Während die Lehrbuben jauchzend in die Hände schlagen und tanzen, schwenkt das Volk begeistert Hüte und Tücher

Volk Heil Sachs! Hans Sachs! Heil Nürnberg's theurem Sachs! *Der Vorhang fällt*

·Was deutsch und ächt wüßt keiner mehr, leb's nicht in deutscher Meister Ehr·